Vincenzo Bellini, Felice Romani

Die Nachtwandlerin

Oper in zwei Akten

Vincenzo Bellini, Felice Romani

Die Nachtwandlerin
Oper in zwei Akten

ISBN/EAN: 9783743699465

Hergestellt in Europa, USA, Kanada, Australien, Japan

Cover: Foto ©Thomas Meinert / pixelio.de

Weitere Bücher finden Sie auf **www.hansebooks.com**

La Sonnambula.
(Die Nachtwandlerin)
von
V. BELLINI.

Akt I.

			Pag.
N° 1.	INTRODUCTION und CHOR.	*Viva Amina!* / Vivat Amine!	3.
	CAVATINE.	*Tutto è gioja* / Dieser Jubel, diese Freude	7.
	CHOR.	*In Elvezia non v'ha rosa* / Eine frische Alpenrose	13.
N° 2.	RECITATIV u. CAVATINE.	*Come per me sereno* / Ach, selig leuchtet heute	18.
	ARIE mit CHOR.	*Sovra il sen la man mi posa* / Lass die theure Hand hier ruhen	22.
N° 3.	RECITATIV u. DUETT.	*Prendi, l'anel ti dono* / Hier nimm den Ring der Treue	31.
N° 4.	RECITATIV u. CAVATINE.	*Vi ravviso, a luoghi ameni* / Ich seh wieder, euch theure Fluren	45.
	ARIE mit CHOR.	*Tu non sai conquei begli occhi* / Wie die Blicke der schönen Augen	50.
N° 5.	RECIT. QUINTETT und CHOR.	*Contezza del paese* / Mein Herr, ihr seid sehr kundig	57.
		A fosco cielo, a notte bruna / Die Nacht sinkt nieder, die Nebel wallen	60.
N° 6.	RECIT. u. DUETT.	*Son geloso del zefiro errante* / Ja, ich eifre mit leisen Zephiren	68.
N° 7.	RECIT. u. DUETT.	*Oh! come lieto è il popolo* / Wie sind sie alle schön geschmückt	80.
N° 8.	CHOR.	*Osservate: l'uscio è aperto* / Leise, leise, hier ist's offen	86.
N° 9.	QUINTETT u. CHOR.	*D'un pensiero, e d'un accento* / Kein Gedanke hat noch entweihet	90.
	FINALE.	*Non più nozze.* / Wir sind getrennt!	100.

Akt II.

N° 10.	INTRODUCTION und CHOR.	*Qui la selva è più folta ed ombrosa* / Vor des Tages versengender Hitze	113.
N° 11.	SCENE u. ARIE.	*Tutto è sciolto* / Tag des Jammers!	120.
	ARIE.	*Ah! perchè non posso odiarti* / Nicht vermag ich dich zu hassen	128.
N° 12.	SCENE und ARIE.	*Lasciami: aver compresso assai dovresti* / Lass mich! wie oft soll ich es dir noch sagen	133.
		De' lieti augurj a voi son grata / Was soll dankend ich euch, Freunde, sagen	137.
N° 13.	QUARTETT.	*Signor Conte, agli occhi miei* / Diesen Augen, die selbst gesehen	141.
N° 14.	SCENE, ARIE u. FINALE.	*Signor, che creder deggio?* / Herr Graf, was soll ich glauben?	156.
	ARIE.	*Ah! non credea mirarti* / Doch schnell schwand seine Liebe hin	161.
	ARIE mit CHOR.	*Ah! non giunge uman pensiero* / Ach, Gedanken nicht ermessen	166.

La Sonnambula.
(Die Nachtwandlerin.)

AKT I.
№ 1. INTRODUCTION, CHOR und CAVATINE.

V. Bellini.

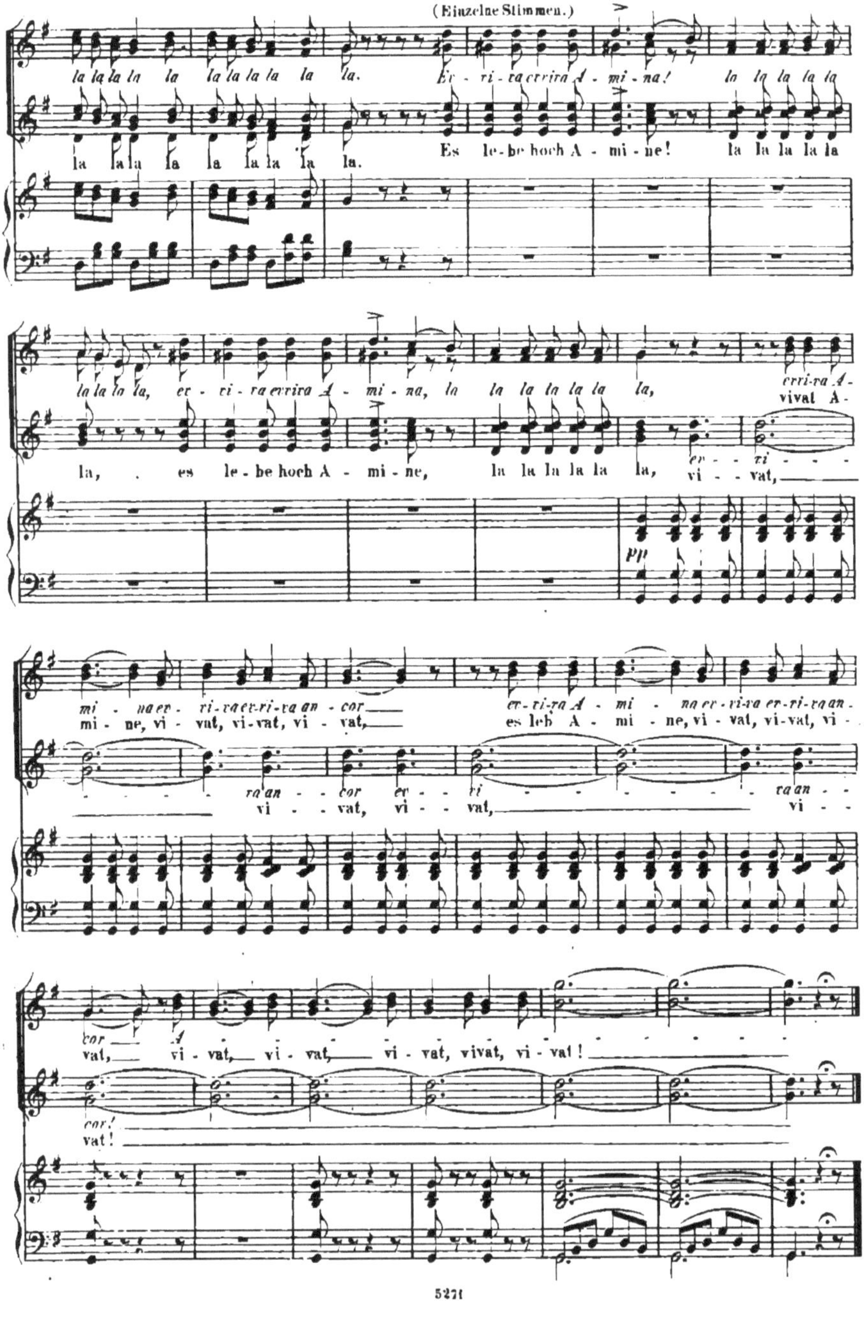
(Einzelne Stimmen.)
la la la la la la la la la la la.
Er - ri - ra errira A - mi - na! la la la la la
la la la la la la la la la la.
Es le - be hoch A - mi - ne! la la la la la
la la la la, er - ri - ra errira A - mi - na, la la la la la la la, erri-ra A -
vivat A -
la, es le - be hoch A - mi - ne, la la la la la la, er - ri -
vi - vat,
pp
mi - na er - ri - ra er - ri - ra an - cor er - ri - ra A - mi - na er - ri - ra er - ri - ra an -
mi - ne, vi - vat, vi - vat, vi - vat, es leb A - mi - ne, vi - vat, vi - vat, vi -
ra an - cor er - ri - ra an -
vi - vat, vi - vat, vi -
cor A -
vat, vi - vat, vi - vat, vi - vat, vivat, vi - vat!
cor!
vat!

CAVATINE.
Allegro moderato assai.

7

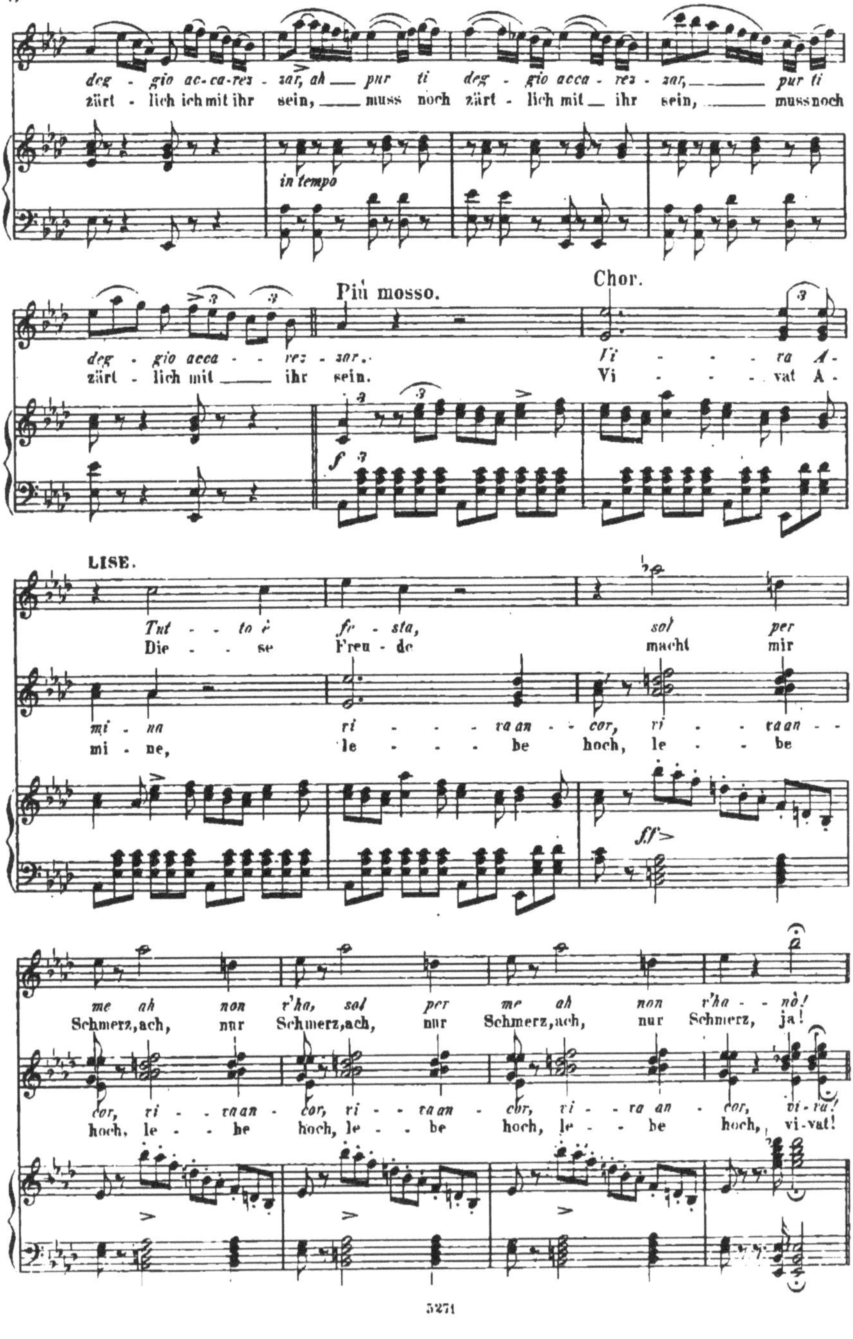
deg - gio ac-ca-rez - zar, ah __ pur ti deg - gio acca - rez - zar, ______ pur ti
zärt - lich ich mit ihr sein, ___ muss noch zärt - lich mit __ ihr sein, ______ muss noch
in tempo
deg - gio acca - - rez - zar.
zärt - lich mit ____ ihr sein.
Più mosso.
Chor.
Vi - - - - va A-
Vi - - - - vat A-
f
LISE.
Tut - - to è fe - sta, sol per
Die - - se Freu - de macht mir
mi - na vi - - - - va an - - cor, vi - - - va an - -
mi - ne, le - - - - be hoch, le - - - be
ff
me ah non r'ha, sol per me ah non r'ha - nò!
Schmerz, ach, nur Schmerz, ach, nur Schmerz, ach, nur Schmerz, ja!
cor, vi - - va an - cor, vi - - va an - cor, vi - - va an - cor, vi - va!
hoch, le - - be hoch, le - - be hoch, le - - be hoch, vi - vat!

Tempo I.

Tutto è gio - ja, tutto è fe - sta sol per me non r'ha, non r'ha con-ten-to; e per
Dieser Ju-bel, die-se Freude klingen mir al-lein ___ nur trau-rig, bei des

p Tempo I.

col - mo di tor - men - to son co-stret - - ta a si-mu-lar. O bel-
Her - zens tiefen Lei - den wird ein Miss - laut mir die se Lust. Ih - re

colla parte. *pp in tempo*

ta - de a me fu-ne-sta ___ che m'iu ro - - i, il mio te-so-ro, mentre io
Schönheit, für mich so tödt-lich, ach, raubt mir Al - - les, nahm mein Le - ben, und im

sof - fro, mentre mo - ro, pur ti deg - gio ac-ca-rez-zar; ah ___ pur ti
Gra - me, unter Be - ben, muss noch zärt - lich ich mit ihr sein, ___ muss noch

colla parte *in tempo*

deggio ac-ca-rez-zar, ___ pur ti deg-gio acca - rez-zar.
zärt - lich mit ihr sein, ___ muss noch zärtlich mit ___ ihr sein.

pu-ro,o Li-sa bel-la giun-ge-rà di nozze il dì. Vi-va A-
Hochzeit schöner Mor-gen wird für dich auch bald er-glühn. Vi-vat A-
la la la la la la la la la la la la la la la la la la la la la la la la la
la la la la la la la la la la la la la la la la la la la la la la la la la
(Auch es-so ok! di-spet-to!) (Oh! di-spet
Auch ihn muss ich hören! wel-che Schmach!
mi-na, ri-va A-mi-na ri-va an-cor; Si, ri-va an
mi-ne, vi-vat, A-mi-ne le-be hoch! Ja, le-be
la la la la la la la la la la la. Si, ri-va an
la la la la la la la la la la. Ja, le-be
to! Oh! di-spet-to!)
dies zu hö-ren!
cor! Si, ri-va an-cor! Qui schie-ra-ti
hoch! Ja, le-be hoch! Stellt euch in Rei-hen,
cor! Si, ri-va an-cor!
hoch! Ja, le-be hoch!
ff
fs
pp

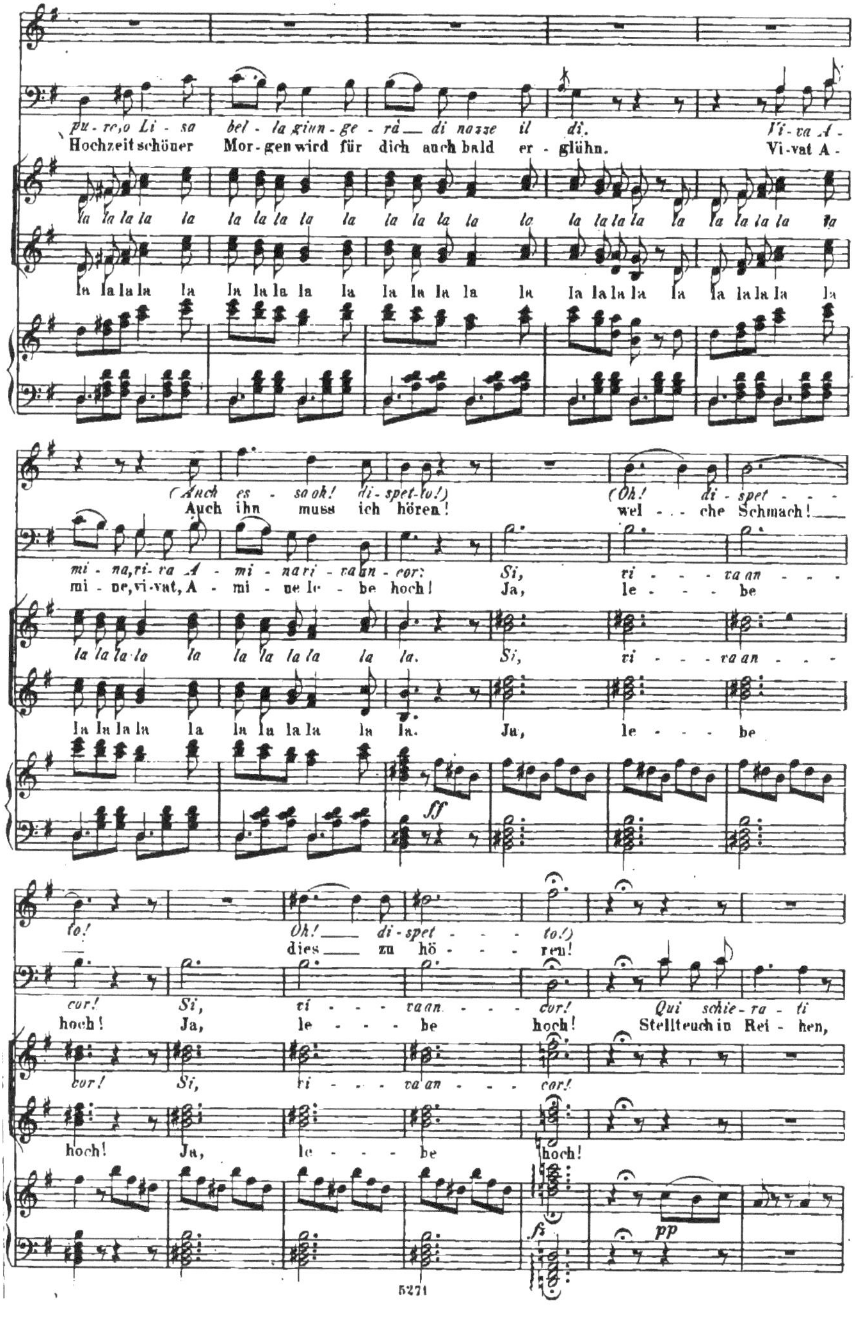

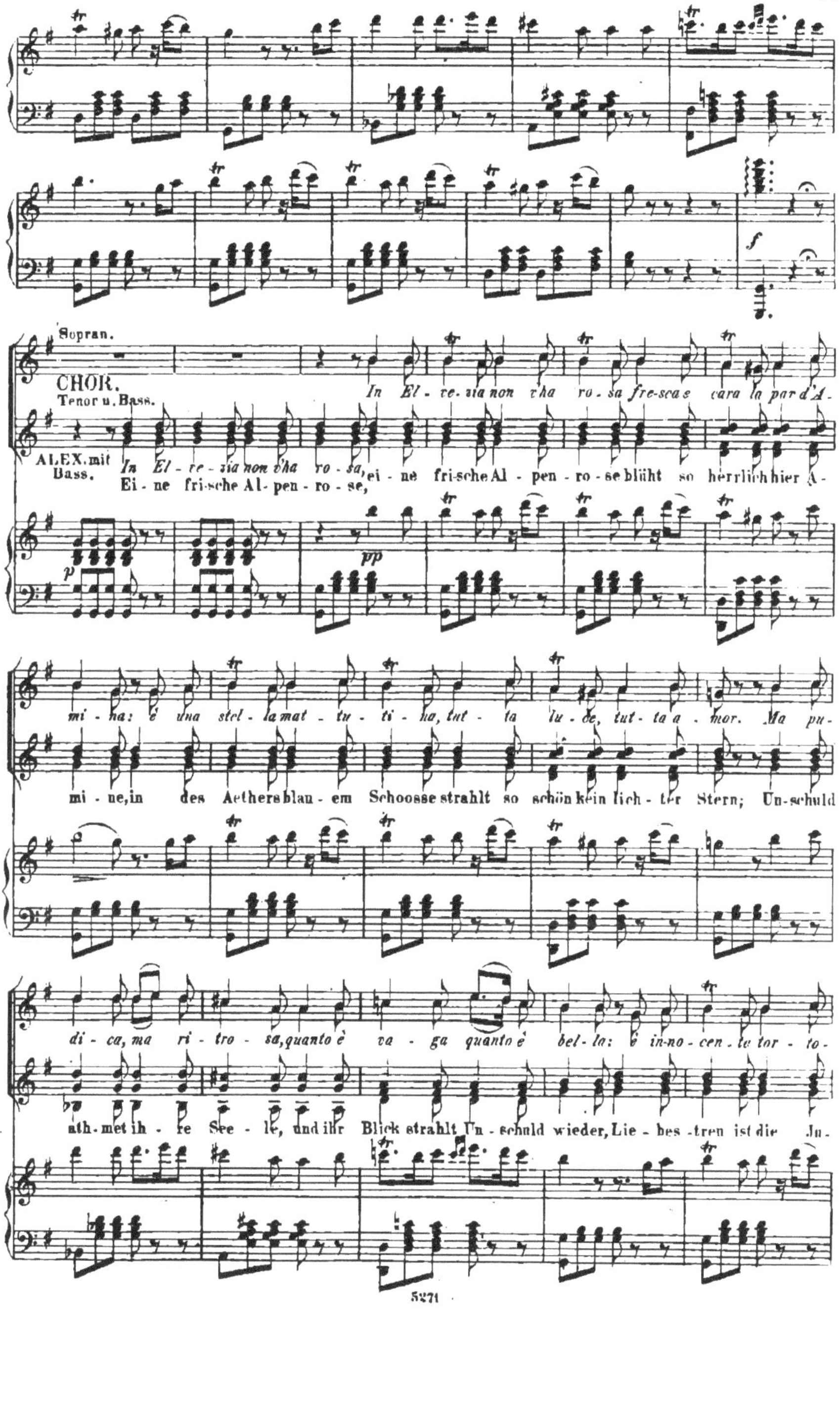
f
Sopran.
CHOR.
Tenor u. Bass.
In El-ve-zia non v'ha ro-sa fre-sca e cara la par d'A-
ALEX. mit Bass.
In El-ve-zia non v'ha ro-sa, ei-ne fri-sche Al-pen-ro-se blüht so herrlich hier A-
Ei-ne fri-sche Al-pen-ro-se,
p
pp
mi-na: è una stel-la mat-tu-ti-na, tut-ta lu-ce, tut-ta a-mor. Ma pu-
mi-ne, in des Aethers blau-em Schoosse strahlt so schön kein lich-ter Stern; Un-schuld
di-ca, ma ri-tro-sa, quanto è va-ga quanto è bel-la: è in-no-cen-te tor-to-
ath-met ih-re See-le, und ihr Blick strahlt Un-schuld wieder, Lie-bes-treu ist die Ju-

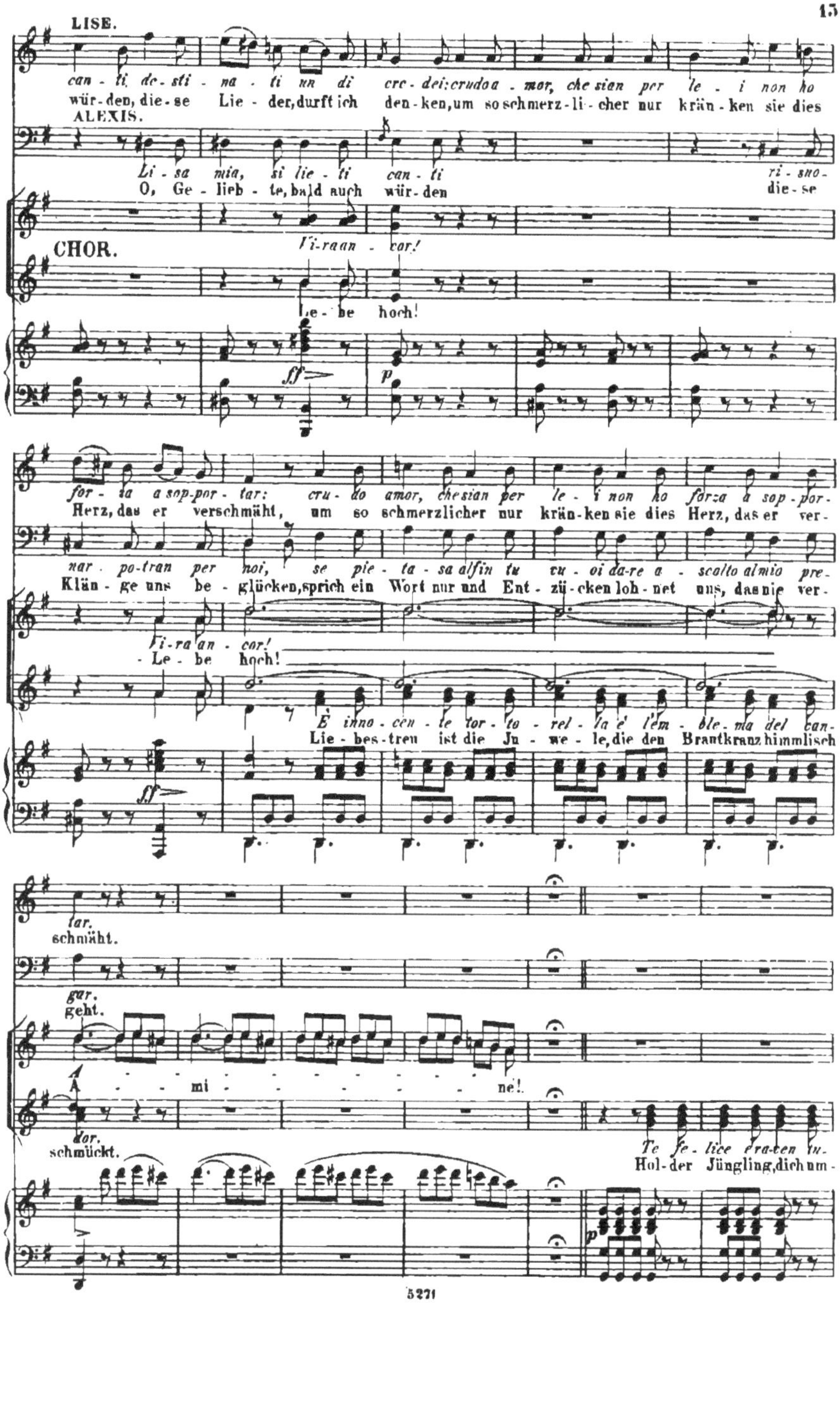
LISE.
can - ti de - sti - na - ti un di cre - dei: crudo a - mor, che sian per le - i non ho
wür - den, die - se Lie - der, durft ich den - ken, um so schmerz - li - cher nur krän - ken sie dies
ALEXIS.
Li - sa mia, si lie - ti can - ti ri - suo -
O, Ge - lieb - te, bald auch wür - den die - se
CHOR.
Vi - va an - cor!
Le - be hoch!
ff
p
for - za a sop - por - tar: cru - do amor, che sian per le - i non ho forza a sop - por -
Herz, das er verschmäht, um so schmerzlicher nur krän - ken sie dies Herz, das er ver -
nar po - tran per noi, se pie - ta - sa alfin tu tu - oi da - re a - scalto al mio pre -
Klän - ge uns be - glücken, sprich ein Wort nur und Ent - zü - cken loh - net uns, das nie ver -
Vi - va an - cor!
- Le - be hoch!
È inno - cen - te tor - to - rel - la e' l'em - ble - ma del can -
Lie - bes - treu ist die Ju - we - le, die den Brautkranz himmlisch
ff
tar.
schmäht.
gar.
geht.
A - mi - ne!
dor.
schmückt.
Te fe - lice e ra - ten tu.
Hol - der Jüngling, dich um -
p

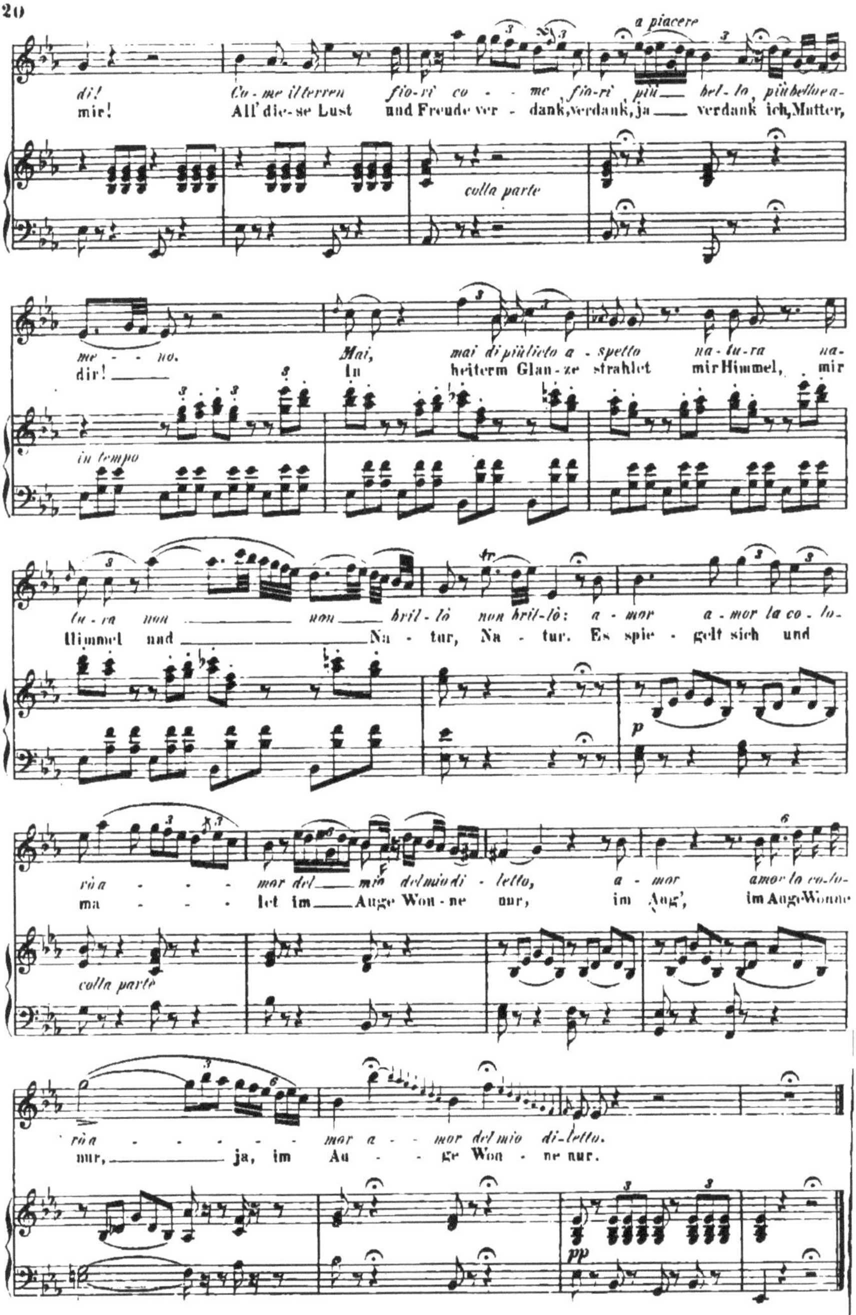
a piacere
di! Co-me il terren fio-ri co - me fio-ri più — bel-lo, più bello e a-
mir! All' die-se Lust und Freude ver - dank, verdank, ja — verdank ich, Mutter,
colla parte
me - - no. Mai, mai di più lieto a-spetto na-tu-ra na-
dir! — In heiterm Glan-ze strahlet mir Himmel, mir
in tempo
tu-ra non — non — bril-lò non bril-lò: a-mor a-mor la co-lo-
Himmel und — Na - tur, Na - tur. Es spie - gelt sich und
rò a - - - mor del — mio del mio di - letto, a-mor amor la co-lo-
ma - - - let im — Auge Won-ne nur, im Aug', im Aug Wonne
colla parte
rò a - - - - mor a - mor del mio di-letto.
nur, — ja, im Au - - ge Won - ne nur.
pp

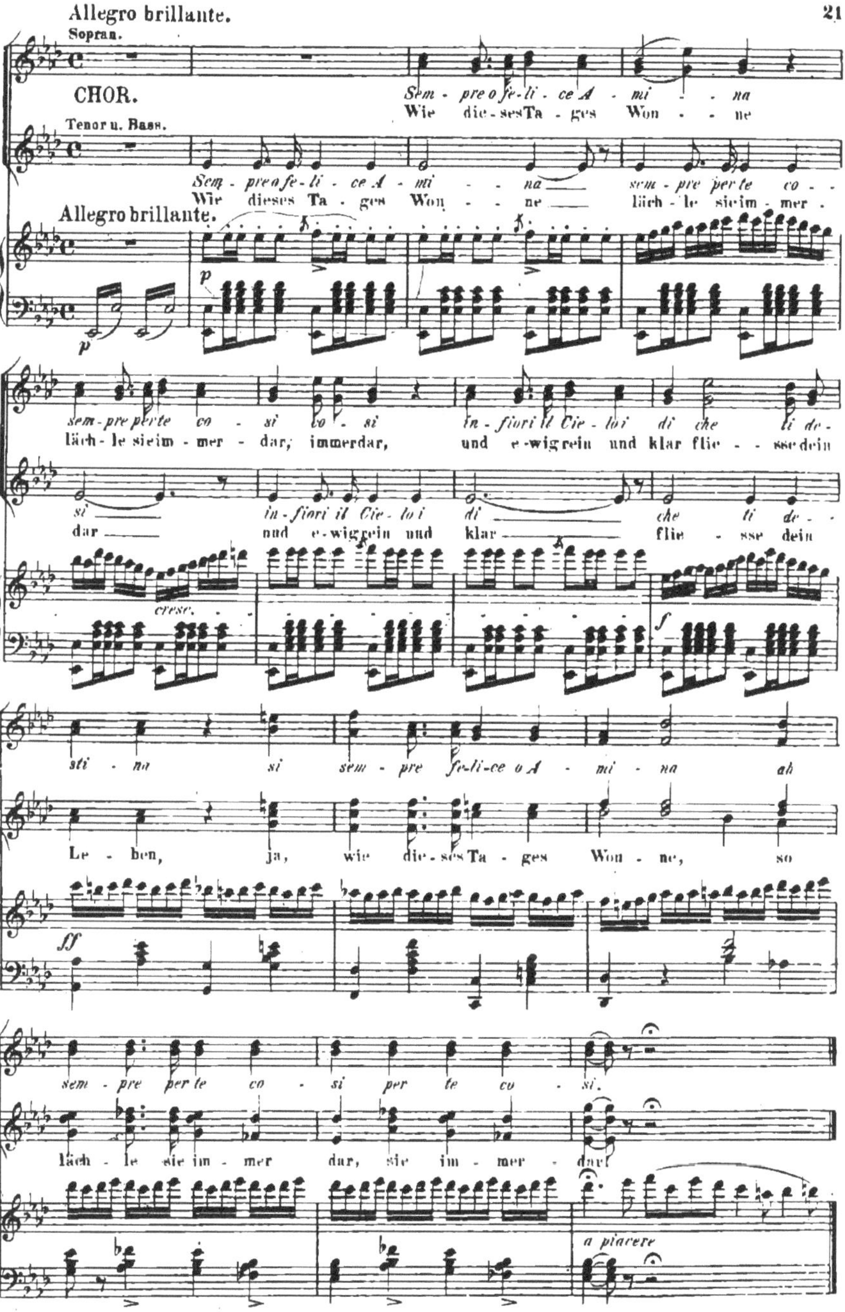
Allegro brillante.
Sopran.
CHOR.
Tenor u. Bass.
Sem - pre o fe - li - ce A - mi - - na
Wie die - ses Ta - ges Won - - ne
Sem - pre o fe - li - ce A - mi - - na sem - pre per te co - -
Wie dieses Ta - ges Won - - ne lüch - le sie im - mer -
Allegro brillante.
sem - pre per te co - si co - si in - fiori il Cie - lo i di che ti de -
läch - le sie im - mer - dar, immerdar, und e - wig rein und klar flie - - sse dein
si in - fiori il Cie - lo i di che ti de -
dar und e - wig rein und klar flie - sse dein
cresc.
sti - na si sem - pre fe - li - ce o A - mi - na ah
Le - ben, ja, wie die - ses Ta - ges Won - ne, so
ff
sem - pre per te co - si per te co - si.
läch - le sie im - mer dar, sie im - mer - dar!
a piacere

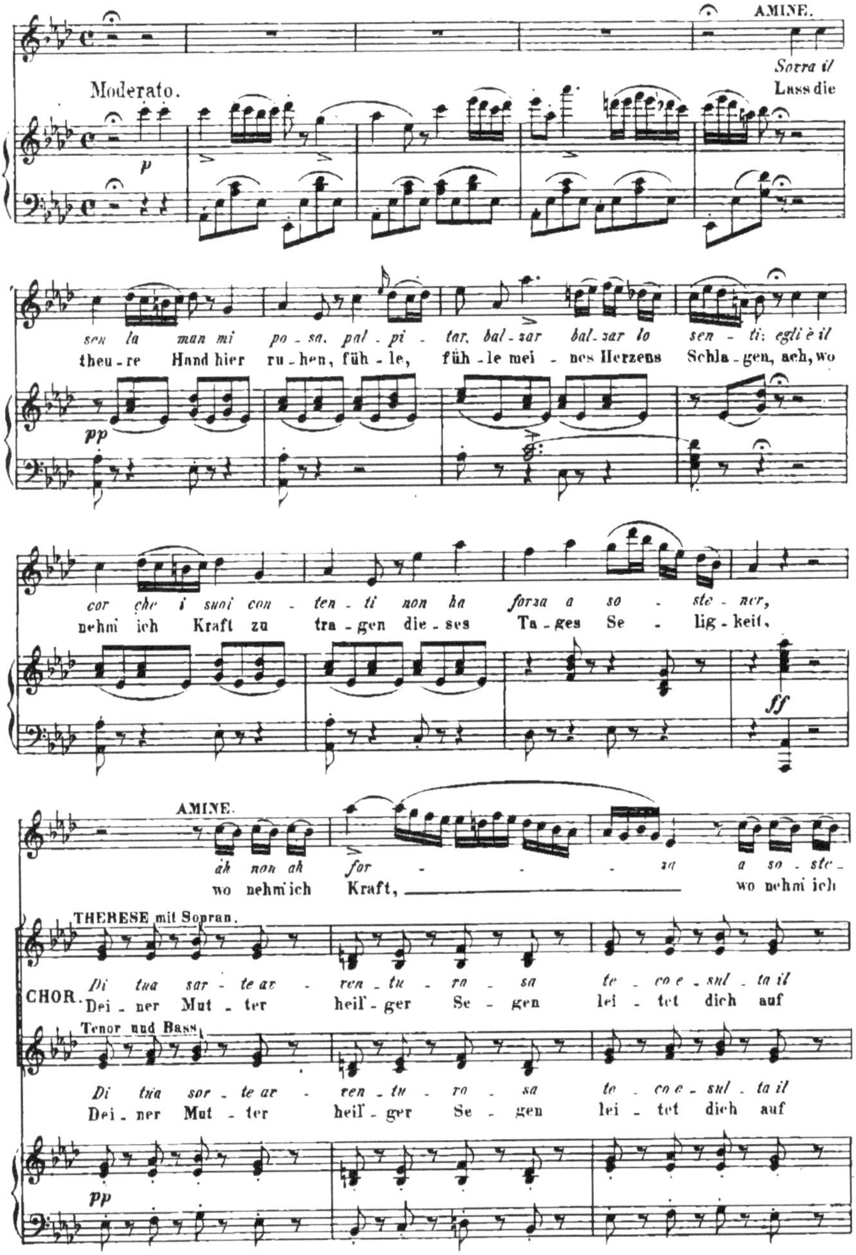
AMINE.
Moderato.
p
Sorra il
Lass die
sen la man mi po - sa, pal - pi - tar, bal - zar bal - zar lo sen - ti; egli è il
theu - re Hand hier ru - hen, füh - le, füh - le mei - nes Herzens Schla - gen, ach, wo
pp
cor che i suoi con - ten - ti non ha forza a so - ste - ner,
nehm' ich Kraft zu tra - gen die - ses Ta - ges Se - lig - keit,
ff
AMINE.
ah non ah for - za a so - ste -
wo nehm' ich Kraft, wo nehm' ich
THERESE mit Sopran.
Di tua sor - te av - ven - tu - ro - sa te - co e - sul - ta il
CHOR.
Dei - ner Mut - ter heil' - ger Se - gen lei - tet dich auf
Tenor und Bass.
Di tua sor - te av - ven - tu - ro - sa te - co e - sul - ta il
Dei - ner Mut - ter heil' - ger Se - gen lei - tet dich auf
pp

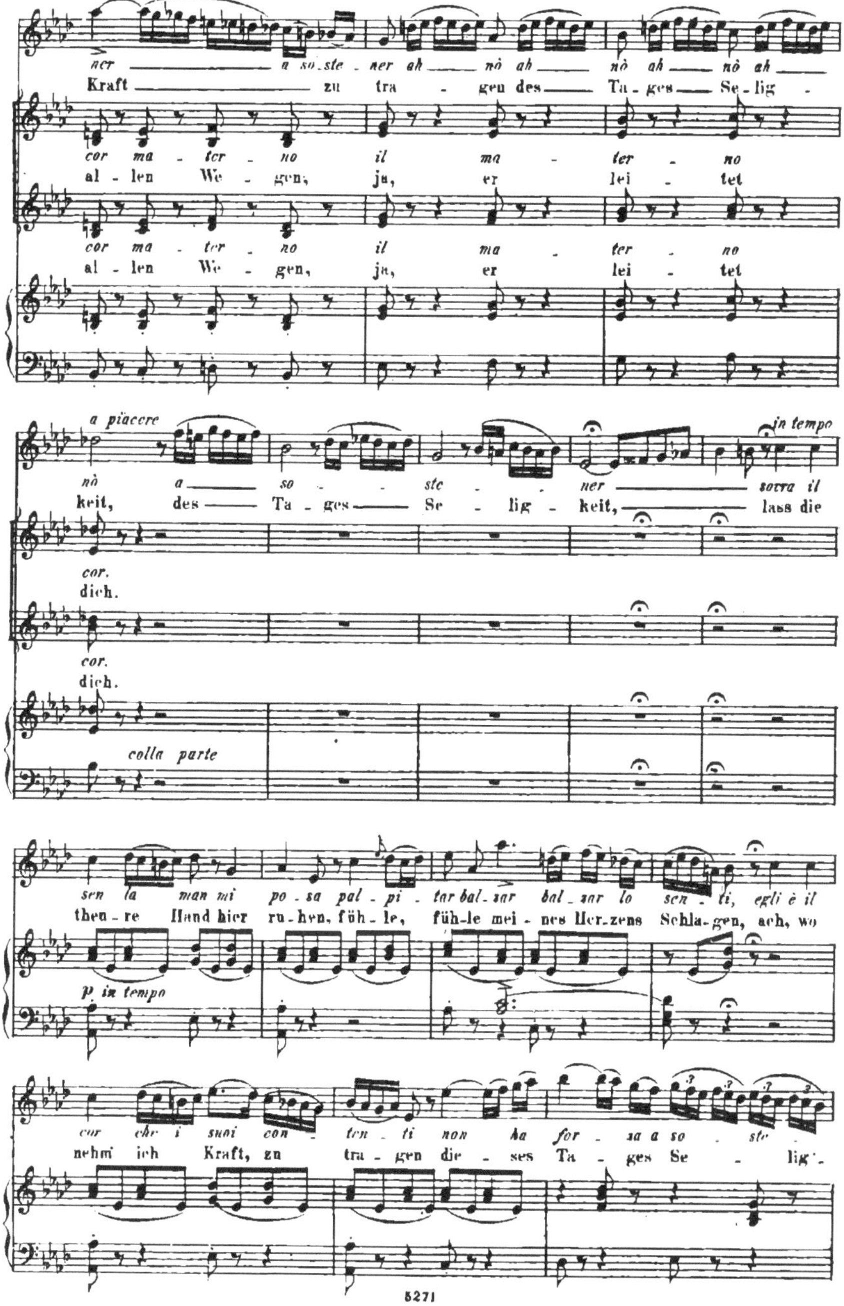
ner a so_ste_ner ah nò ah nò ah nò ah
Kraft zu tra gen des Ta_ges Se_lig
cor ma ter no il ma ter no
al len We gen, ja, er lei tet
cor ma ter no il ma ter no
al len We gen, ja, er lei tet
a piacere
in tempo
nò a so ste ner sorra il
keit, des Ta_ges Se lig keit, lass die
cor.
dich.
cor.
dich.
colla parte
sen la man mi po_sa pal_pi_tar bal_zar bal_zar lo sen_ti, egli è il
theu_re Hand hier ru_hen, füh_le, füh_le mei_nes Her_zens Schla_gen, ach, wo
p in tempo
cor ch'i suoi con ten ti non ha for za a so ste
nehm' ich Kraft, zu tra_gen die ses Ta ges Se lig

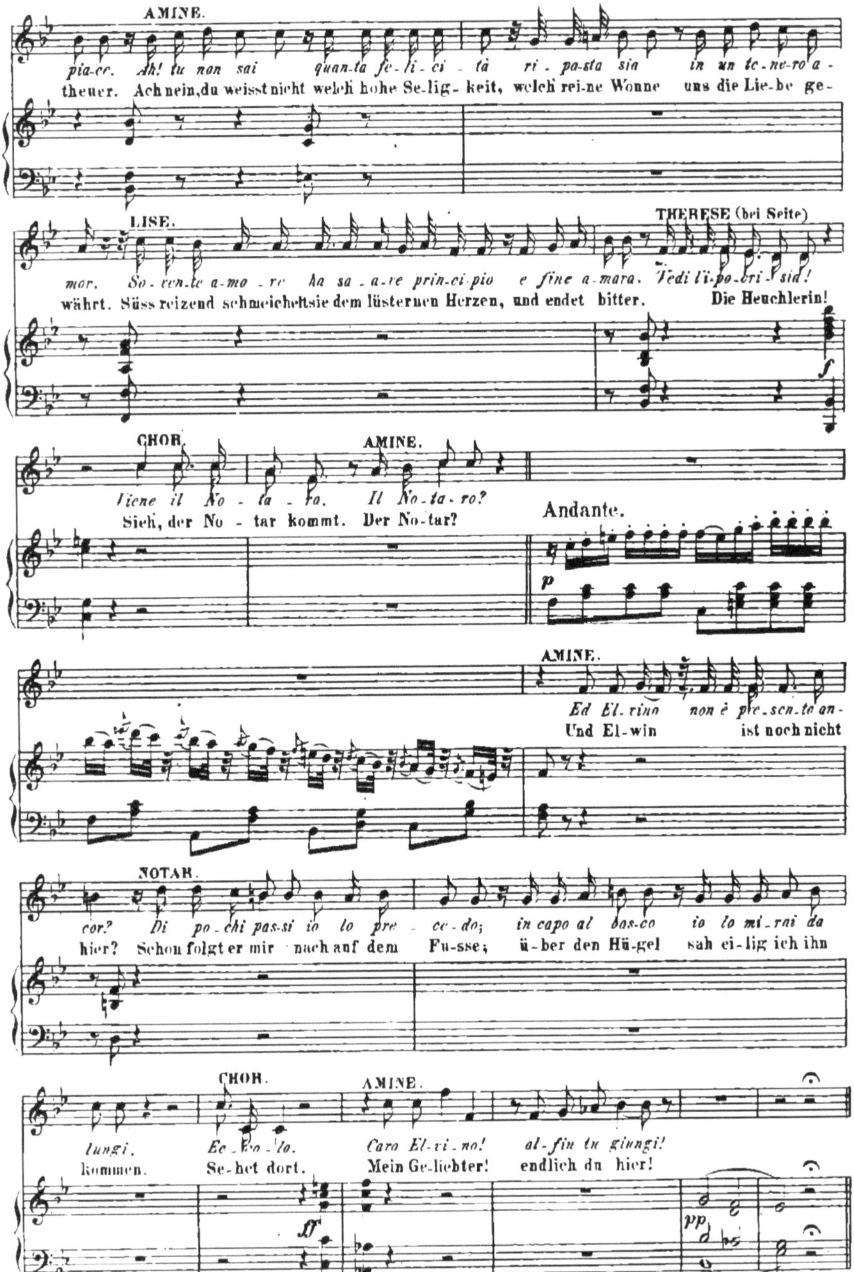
AMINE.
pia-ce. Ah! tu non sai quan-ta fe-li-ci-tà ri-pa-sta sia in un te-ne-ro a-
theuer. Ach nein, du weisst nicht welch hohe Se-lig-keit, welch rei-ne Wonne uns die Lie-be ge-
LISE.
mor. So-ven-te a-mo-re ha sa-a-re prin-ci-pio e fine a-mara.
währt. Süss reizend schmeicheltsie dem lüsternen Herzen, und endet bitter.
THERESE (bei Seite)
Vedi l'i-po-cri-sia!
Die Heuchlerin!
CHOR.
Viene il No-ta-ro.
Sieh, der No-tar kommt.
AMINE.
Il No-ta-ro?
Der No-tar?
Andante.
AMINE.
Ed El-vino non è pre-sen-te an-
Und El-win ist noch nicht
NOTAR.
cor? Di po-chi pas-si io lo pre-ce-do; in capo al bos-co io lo mi-rai da
hier? Schon folgt er mir nach auf dem Fu-sse; ü-ber den Hü-gel sah ei-lig ich ihn
lungi.
kommen.
CHOR.
Ec-co-lo.
Se-het dort.
AMINE.
Caro El-vi-no! al-fin tu giungi!
Mein Ge-liebter! endlich du hier!

N.º 3. RECITATIV und DUETT.

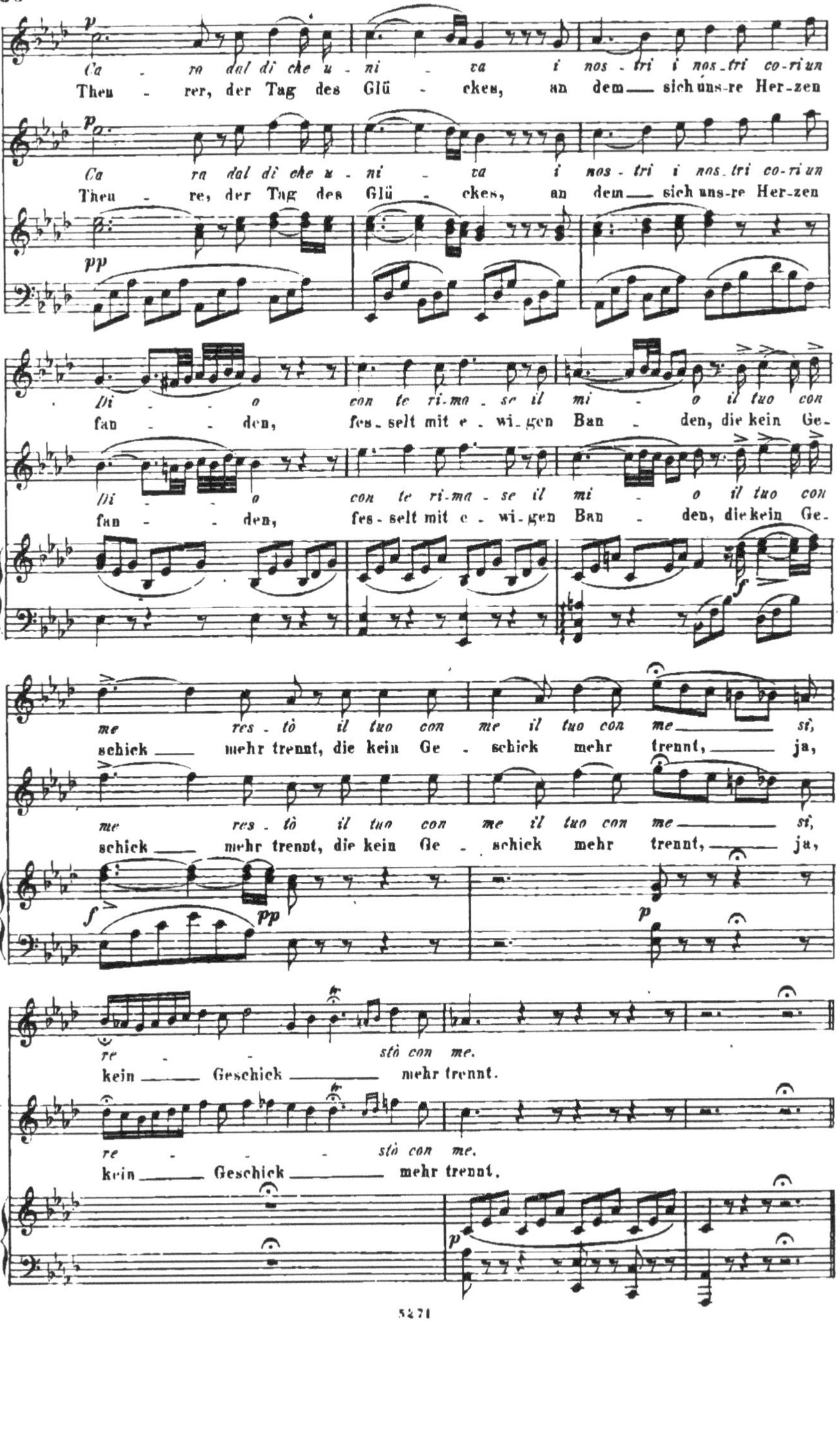
Ca - ra dal dì che u - ni - ta i nos - tri i nos - tri co - ri un
Theu - rer, der Tag des Glü - ckes, an dem sich uns - re Her - zen
Di - o con te ri - ma - se il mi - o il tuo con
fan - den, fes - selt mit e - wi - gen Ban - den, die kein Ge -
me res - tò il tuo con me il tuo con me sì,
schick mehr trennt, die kein Ge - schick mehr trennt, ja,
re - stò con me.
kein Geschick mehr trennt.

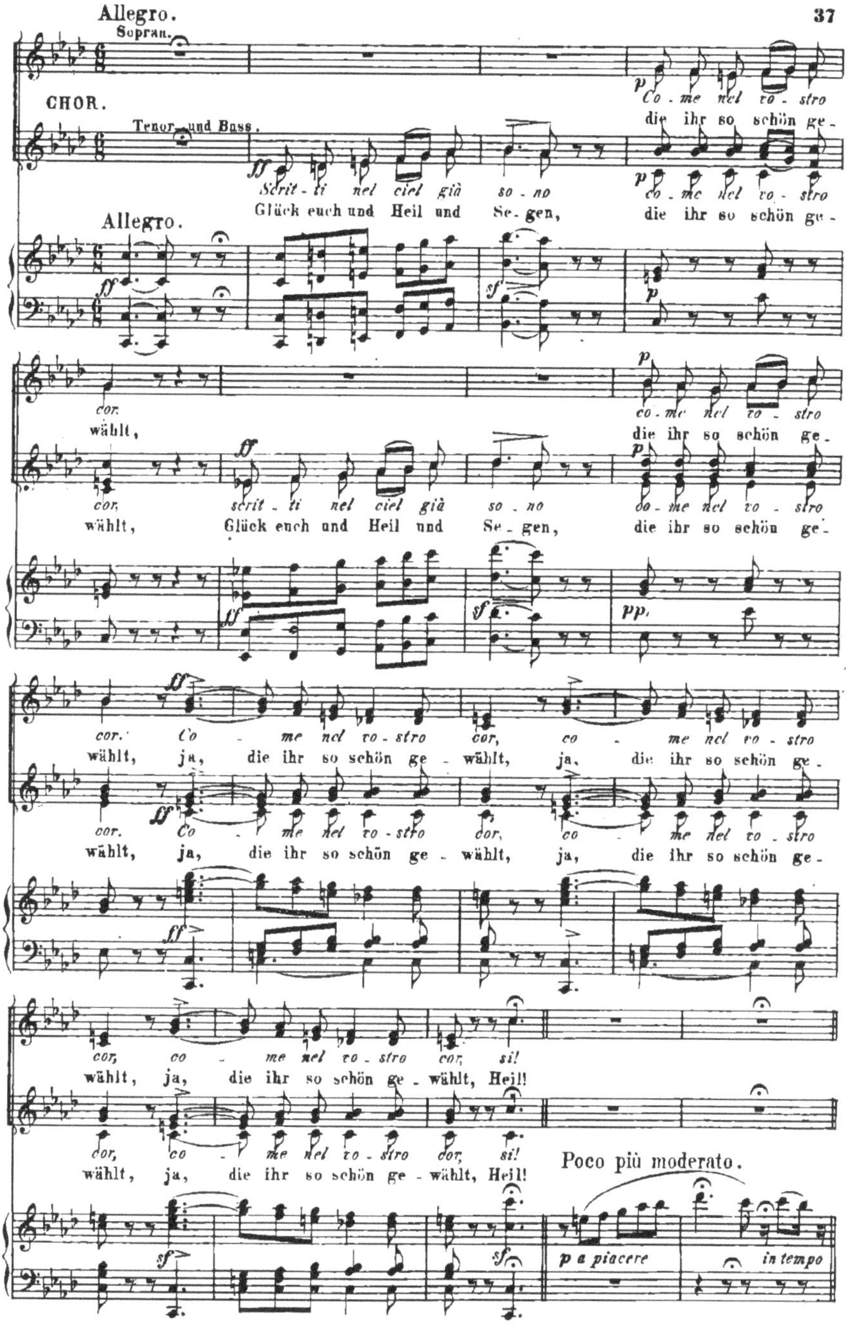
Allegro.
Sopran.
CHOR.
Tenor und Bass.
Co - me nel co - stro
die ihr so schön ge -
Scrit - ti nel ciel già so - no co - me nel co - stro
Glück euch und Heil und Se - gen, die ihr so schön ge -
Allegro.
cor. co - me nel co - stro
wählt, die ihr so schön ge -
cor, scrit - ti nel ciel già so - no co - me nel co - stro
wählt, Glück euch und Heil und Se - gen, die ihr so schön ge -
cor. Co - me nel co - stro cor, co - me nel co - stro
wählt, ja, die ihr so schön ge - wählt, ja, die ihr so schön ge -
cor. Co - me nel co - stro cor, co - me nel co - stro
wählt, ja, die ihr so schön ge - wählt, ja, die ihr so schön ge -
cor, co - me nel co - stro cor, si!
wählt, ja, die ihr so schön ge - wählt, Heil!
cor, co - me nel co - stro cor, si!
wählt, ja, die ihr so schön ge - wählt, Heil!
Poco più moderato.
p a piacere
in tempo

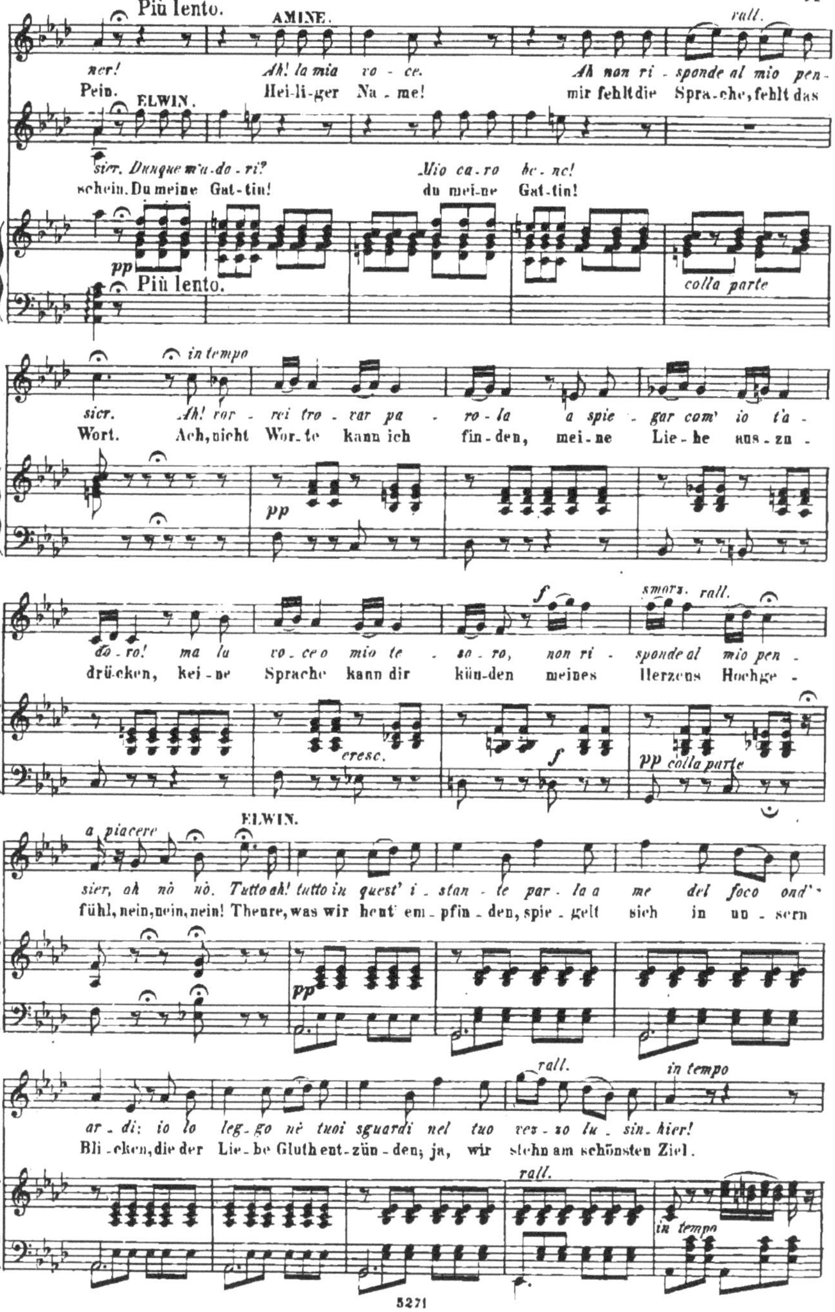
Più lento.
AMINE.
rall.
ner! Ah! la mia vo - ce. Ah non ri - sponde al mio pen -
Pein. Hei-li-ger Na - me! mir fehlt die Spra - che, fehlt das
ELWIN.
sier. Dunque m'a-do - ri? Mio ca - ro be - ne!
schein. Du meine Gat - tin! du mei - ne Gat - tin!
pp
Più lento.
colla parte
in tempo
sier. Ah! vor - rei tro - var pa - ro - la a spie - gar com' io t'a -
Wort. Ach, nicht Wor - te kann ich fin - den, mei - ne Lie - be aus - zu -
pp
f
smorz. rall.
do - ro! ma la vo - ce o mio te - so - ro, non ri - sponde al mio pen -
drü - cken, kei - ne Sprache kann dir kün - den meines Herzens Hochge -
cresc.
f
pp colla parte
a piacere
ELWIN.
sier, ah nò nò. Tutto ah! tutto in quest' i - stan - te par - la a me del foco ond' -
fühl, nein, nein, nein! Theure, was wir heut' em - pfin - den, spie - gelt sich in un - sern
pp
rall.
in tempo
ar - di: io lo leg - go nè tuoi sguardi nel tuo vez - zo lu - sin - hier!
Bli - cken, die der Lie - be Gluth ent - zün - den; ja, wir stehn am schönsten Ziel.
rall.
in tempo

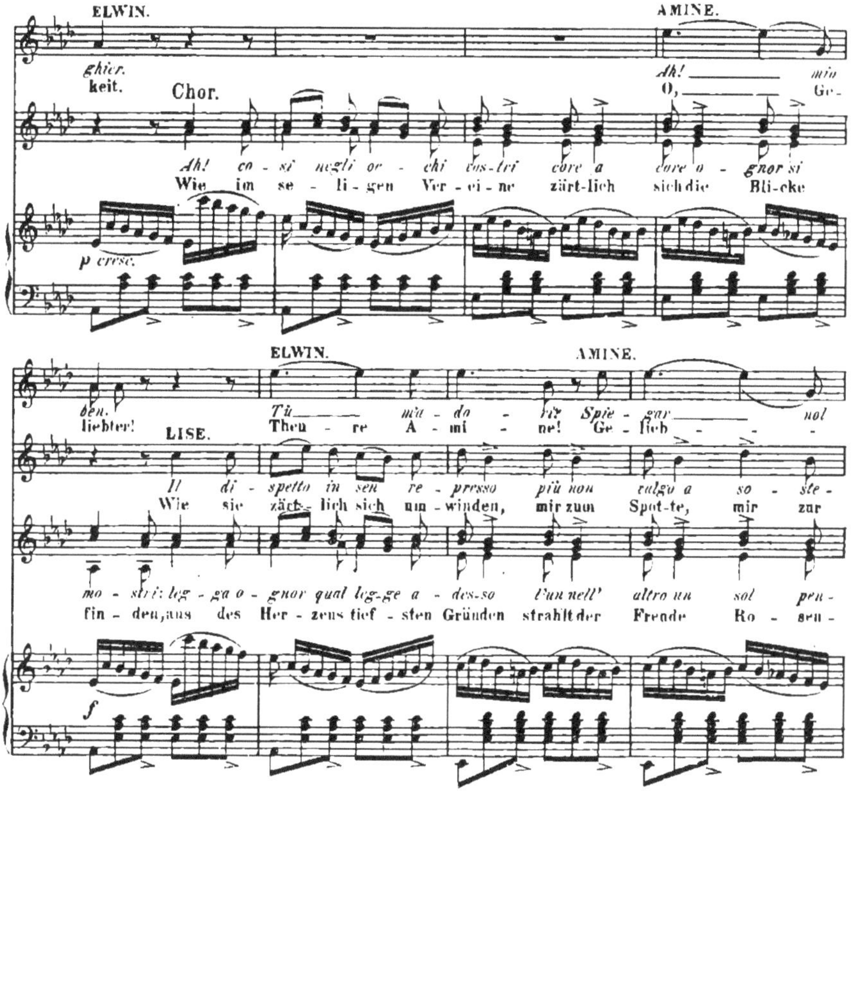
ELWIN.
AMINE.
ghier.
keit.
Ah! mio
O, Ge-
Chor.
Ah! co - sì negli oc - chi vos-tri core a core o - gnor si
Wie im se - li-gen Ver - ei - ne zärt-lich sich die Bli-cke
p cresc.
ELWIN.
AMINE.
ben.
liebter!
LISE.
Tu mia do - rà! Spie - gar nol
Theu - re A - mi - ne! Ge - lieb
Il di - spetto in sen re - presso più non valgo a so - ste -
Wie sie zärt - lich sich um - winden, mir zum Spot - te, mir zur
mo - stri: leg - ga o - gnor qual leg - ge a - des - so l'un nell' altro un sol pen -
fin - den, aus des Her - zens tief - sten Gründen strahlt der Freude Ro - sen -
f

44

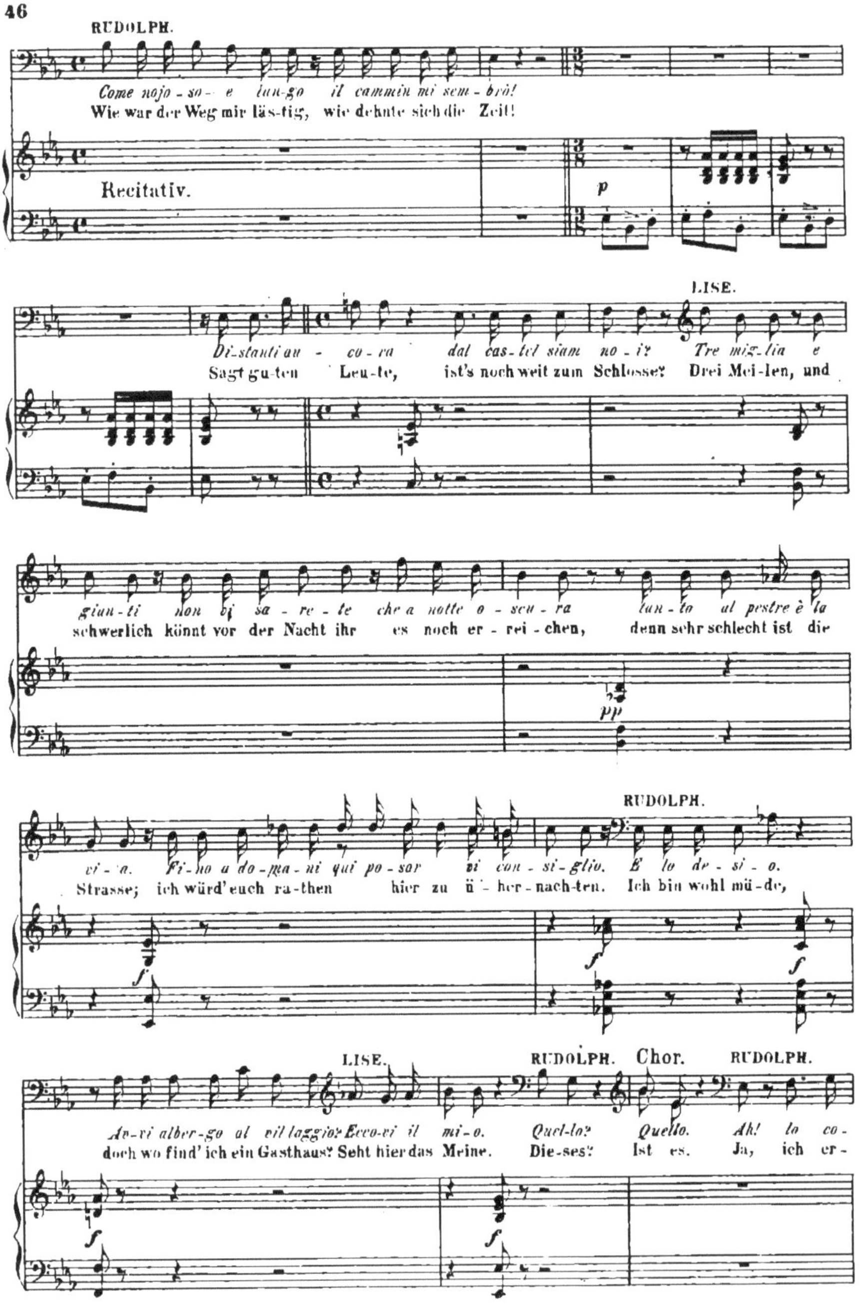
RUDOLPH.
Come nojo - so - e lun-go il cammin mi sem - brò!
Wie war der Weg mir läs-tig, wie dehnte sich die Zeit!
Recitativ.
p
Di-stanti an - co-ra dal cas-tel siam no - i?
Sagt gu-ten Leu-te, ist's noch weit zum Schlosse?
LISE.
Tre mig-lia e
Drei Mei-len, und
gian-ti non vi sa-re-te che a notte o-scu-ra tan-to al pestre è la
schwerlich könnt vor der Nacht ihr es noch er-rei-chen, denn sehr schlecht ist die
pp
vi-a. Fi-no a do-ma-ni qui po-sar vi con-si-glio.
Strasse; ich würd' euch ra-then hier zu ü-ber-nach-ten.
RUDOLPH.
È lo de-si-o.
Ich bin wohl mü-de,
f
Av-vi alber-go al vil-laggio?
doch wo find' ich ein Gasthaus?
LISE.
Ecco-vi il mi-o.
Seht hier das Meine.
RUDOLPH.
Quel-lo?
Die-ses?
Chor.
Quello.
Ist es.
RUDOLPH.
Ah! lo co-
Ja, ich er-

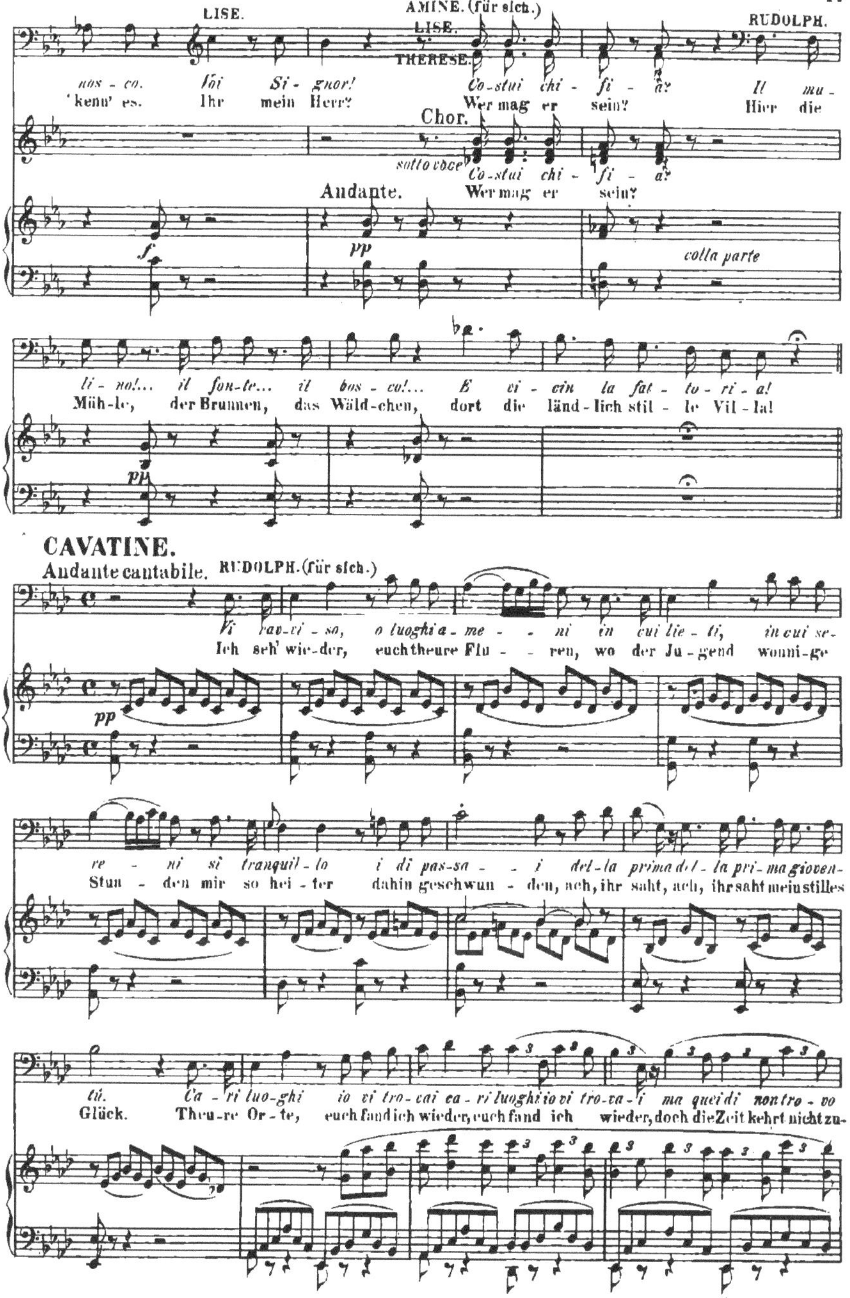
LISE.
AMINE. (für sich.)
LISE.
THERESE.
RUDOLPH.
nos - co. Voi Si - gnor! Co-stui chi - fi - a? Il mu-
'kenn' es. Ihr mein Herr? Wer mag er sein? Hier die
Chor.
sotto voce
Co-stui chi - fi - a?
Wer mag er sein?
Andante.
f
pp
colla parte
li - no!... il fon-te... il bos - co!... E vi - cin la fat - to - ri - a!
Müh-le, der Brunnen, das Wäld-chen, dort die länd-lich stil - le Vil - la!
pp
CAVATINE.
Andante cantabile.
RUDOLPH. (für sich.)
Vi rav-vi - so, o luoghi a - me - - ni in cui lie - ti, in cui se-
Ich seh' wie-der, euch theure Flu - - ren, wo der Ju - gend wonni-ge
pp
re - ni si tranquil - lo i di pas-sa - - i del - la prima d - la pri - ma gioven-
Stun - den mir so hei - ter dahin geschwun - den, ach, ihr saht, ach, ihr saht mein stilles
tù. Ca - ri luo-ghi io vi tro-vai ca - ri luoghi io vi tro-va - i ma quei dì non tro - vo
Glück. Theu-re Or - te, euch fand ich wieder, euch fand ich wieder, doch die Zeit kehrt nicht zu-

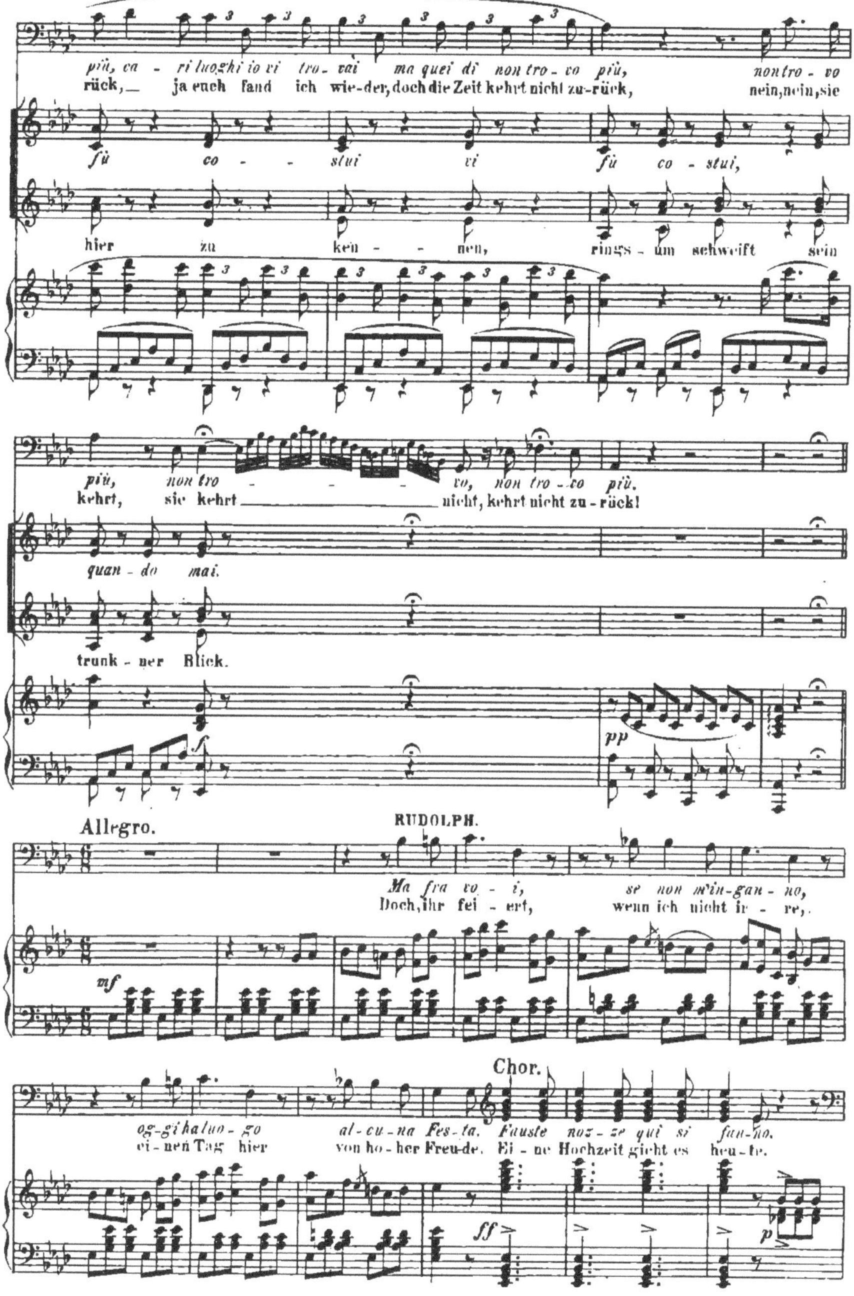
più, ca - ri luoghi io vi tro - vai ma quei dì non tro - vo più, non tro - vo
rück, — ja euch fand ich wie-der, doch die Zeit kehrt nicht zu-rück, nein, nein, sie
fu co - - stui vi fu co - stui,
hier zu ken - - nen, rings - um schweift sein
più, non tro - - - - vo, non tro - vo più.
kehrt, sie kehrt nicht, kehrt nicht zu - rück!
quan - do mai.
trunk - ner Blick.
pp
Allegro.
RUDOLPH.
Ma fra vo - i, se non m'in-gan - no,
Doch, ihr fei - ert, wenn ich nicht ir - re,
mf
Chor.
og-gi ha luo - go al - cu - na Fes - ta. Fauste noz - ze qui si fan - no.
ei - nen Tag hier von ho - her Freu-de. Ei - ne Hochzeit giebt es heu - te.
ff
p

N.º 5. RECITATIV, QUINTETT und CHOR.

61

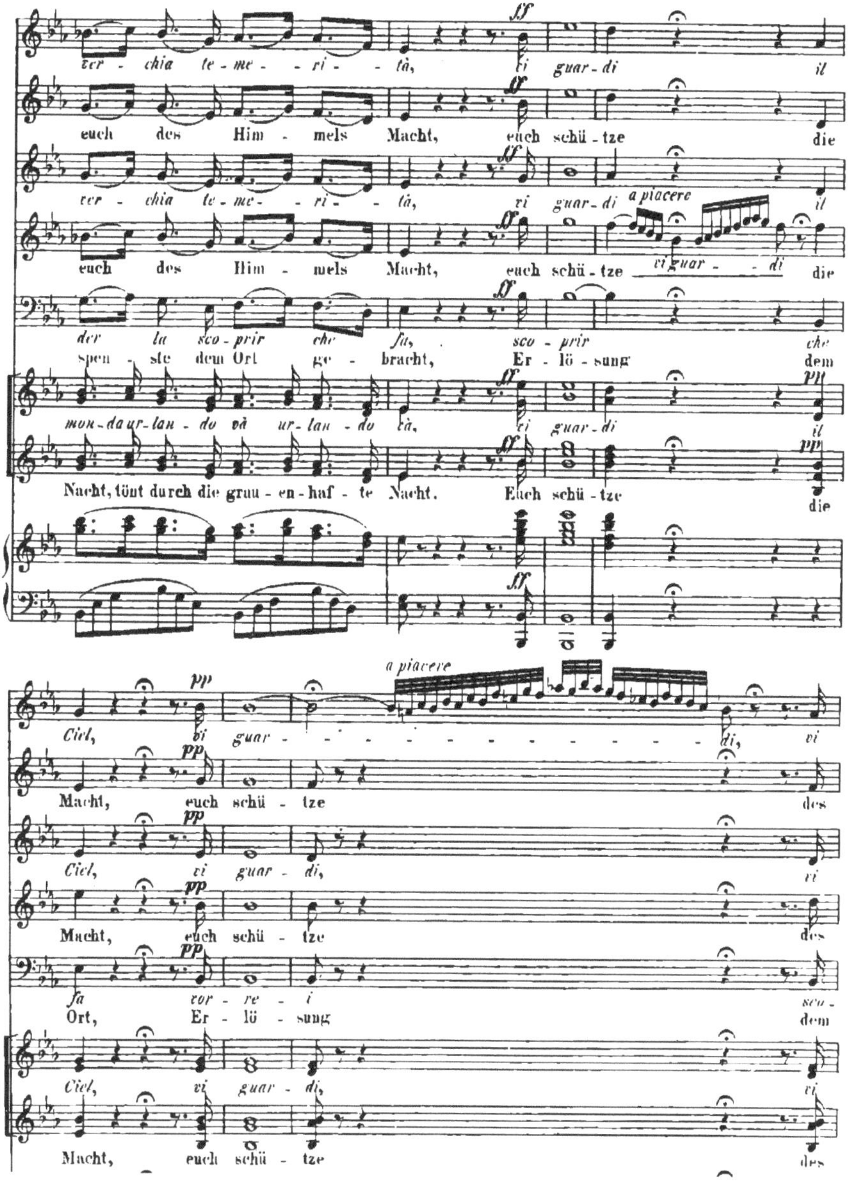
ver - chia te - me - - ri - - tà, vi guar - di il
euch des Him - mels Macht, euch schü - tze die
ver - chia te - me - - ri - - tà, vi guar - di
a piacere
il
euch des Him - mels Macht, euch schü - tze vi guar - - di die
der la sco - prir che fa, sco - prir che
spen - ste dem Ort ge - bracht, Er - lö - sung dem
mon - da ur - lan - do và ur - lan - do rà, vi guar - di il
Nacht, tönt durch die grau - en - haf - te Nacht. Euch schü - tze die
a piacere
Ciel, vi guar - - di, vi
Macht, euch schü - tze des
Ciel, vi guar - di, vi
Macht, euch schü - tze des
fa cor - re - i sco -
Ort, Er - lö - sung dem
Ciel, vi guar - di, vi
Macht, euch schü - tze des

RUDOLPH (zu Elwin)
mo - re. Fe - li - ce te se ne pos - se - di il co - re!
lie - ben. Glück-lich du, ein sol - ches Herz zu be - si - tzen!

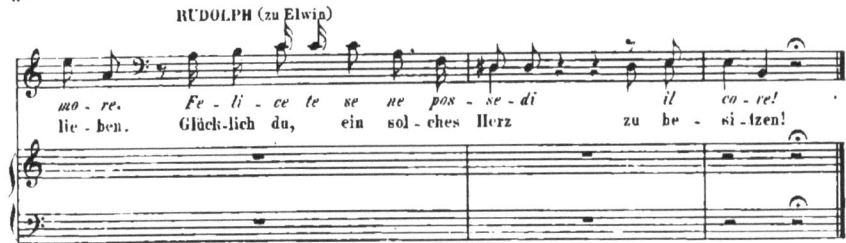

Nº 6. RECITATIV und DUETT.

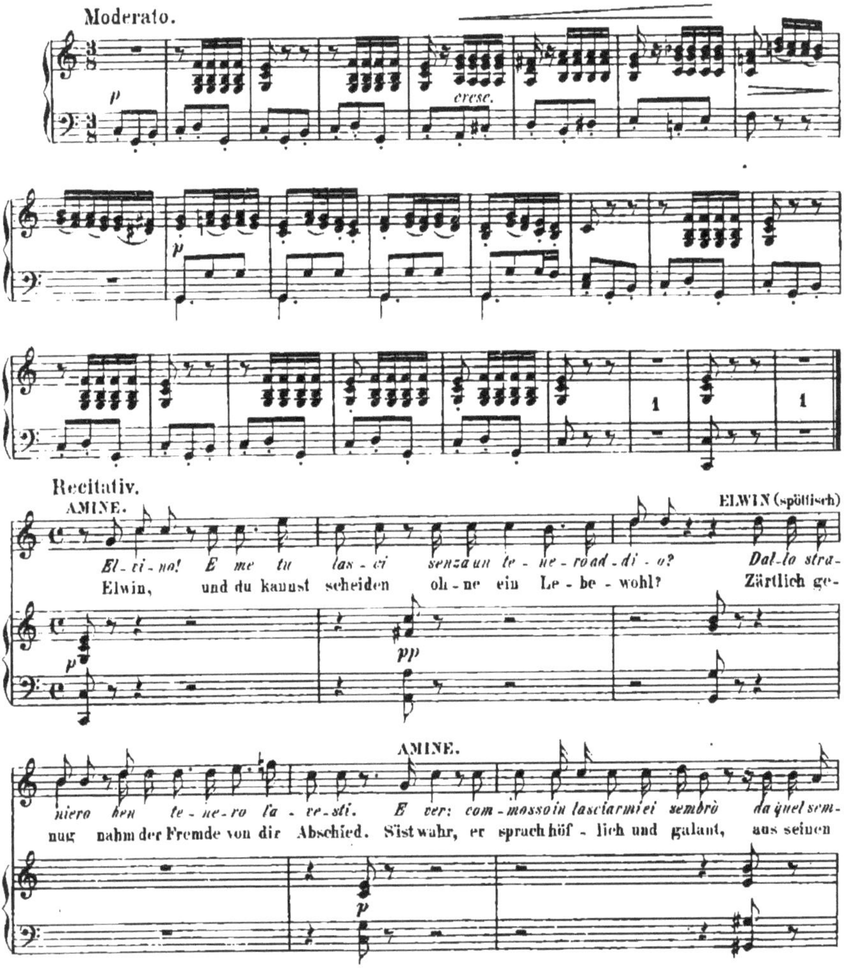
Moderato.
p
cresc.
p
1
1
Recitativ.
AMINE.
El - vi - no! E me tu las - ci senza un te - ne - ro ad - di - o?
Elwin, und du kannst scheiden oh - ne ein Le - be - wohl?
ELWIN (spöttisch)
Dal - lo stra - niero ben te - ne - ro l'a - ve - sti.
Zärtlich ge - nug nahm der Fremde von dir Abschied.
p
pp
AMINE.
E ver: com - mosso in lasciarmi ei sembrò da quel sem -
S'ist wahr, er sprach höf - lich und galant, aus seinen
p

AMINE.
ri - vo che spec - chio ti fa......... Son, mio be - ne, del ze - - firo a -
Bach, wo dein Ant - litz sich spie - gelt. Siehst den Ze - phyr du scher - zen und
man - - te perchè ad es - so il tuo no - - - - - me con - fi - - - do; a - mo il
ko - - sen, flü - stert lei - se er mir dei - - - - - nen Na - - - - men, und die
rall.
a piacere
sol per - chè te - co il di - ri - do, a - - - - mo il ri - o perchè l'on - da ti
schön - ste der blü - hen - den Ro - sen drück' ich, nur dein ___ ge - den - kend, ans
colla parte
in tempo
dà a - mo il sol, per - chè te - - co il di vi - - do, a - mo il
Herz, und die schön - ste der blü - hen - den Ro - - sen, drück' ich,
Più tempo
ELWIN.
rio, per - chè l'on - da ti dà............ Ah per - do - na all' a - mo - re il so -
dein ge - den - - kend ans Herz. ___ Den Ver - dacht, kannst du mir ver -
pp

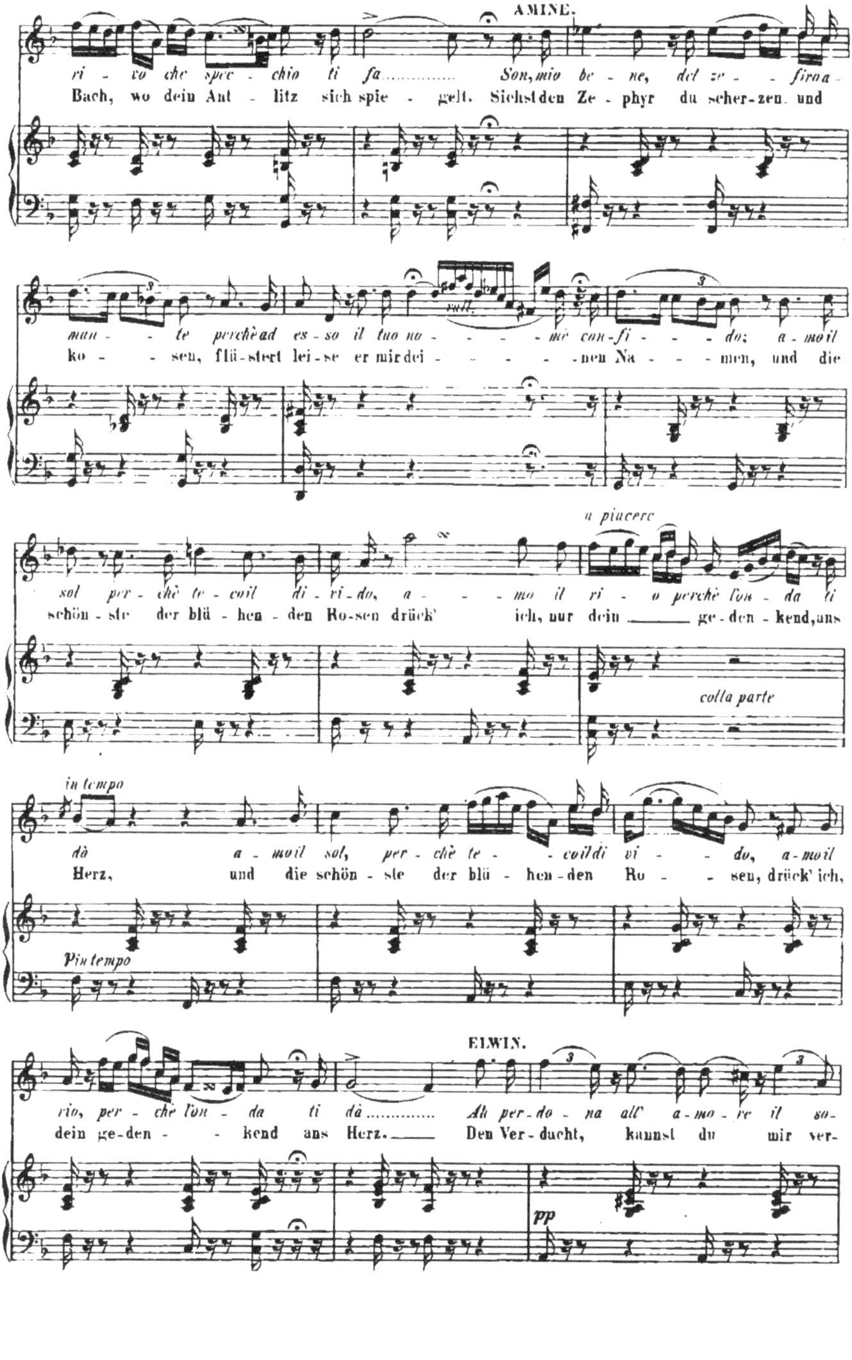

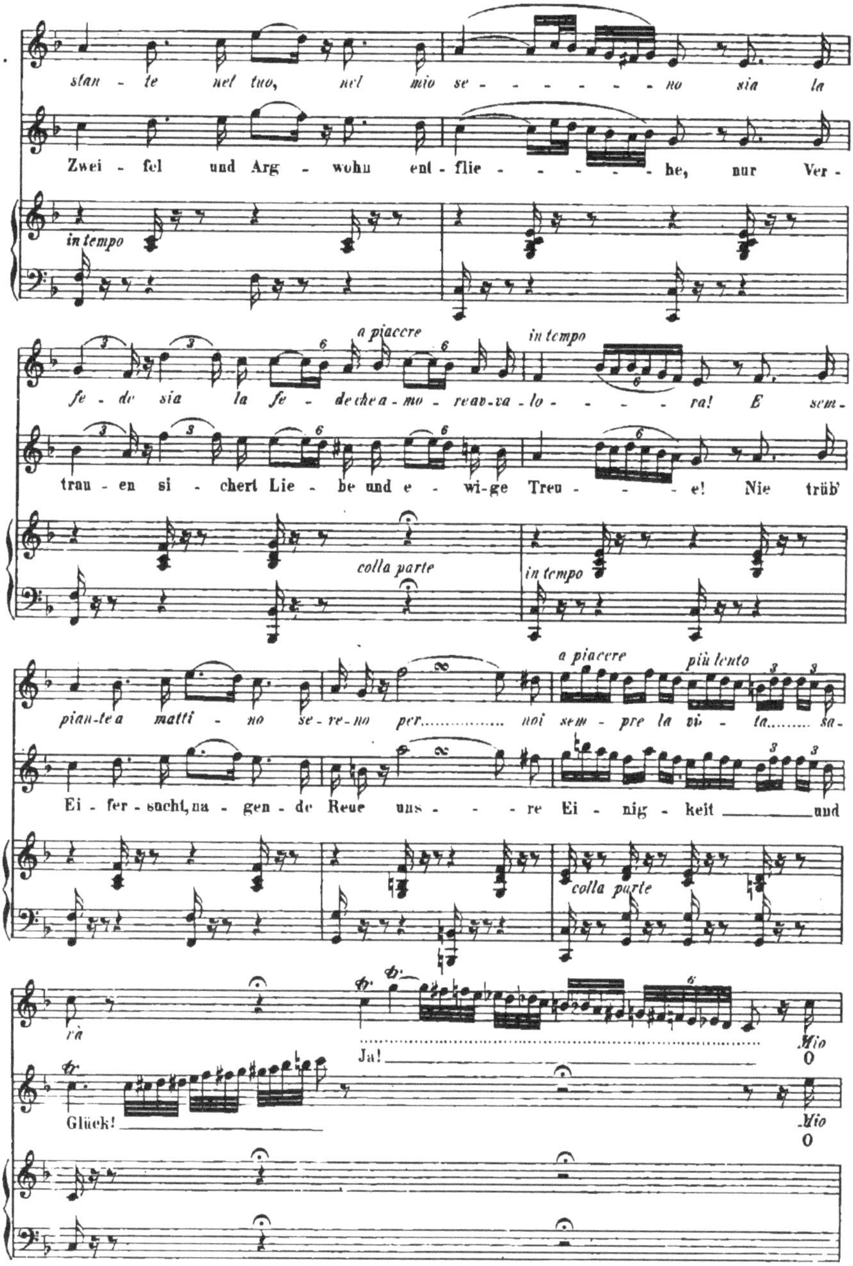
stan - te nel tuo, nel mio se - - - - - - - - no sia la
Zwei - fel und Arg - wohn ent - flie - - - - - - he, nur Ver -
in tempo
a piacere
in tempo
fe - de sia la fe - de che a - mo - re av - va - lo - - - - - ra! E sem -
trau - en si - chert Lie - be und e - wi - ge Treu - - - - e! Nie trüb'
colla parte
in tempo
a piacere
più lento
pian - te a matti - no se - re - no per.................. noi sem - pre la vi - ta......... sa -
Ei - fer - sucht, na - gen - de Reue uns - - - re Ei - nig - keit und
colla parte
rà
Ja!
Mio
O
Glück!
Mio
O

N.º 7. RECITATIV und DUETT.

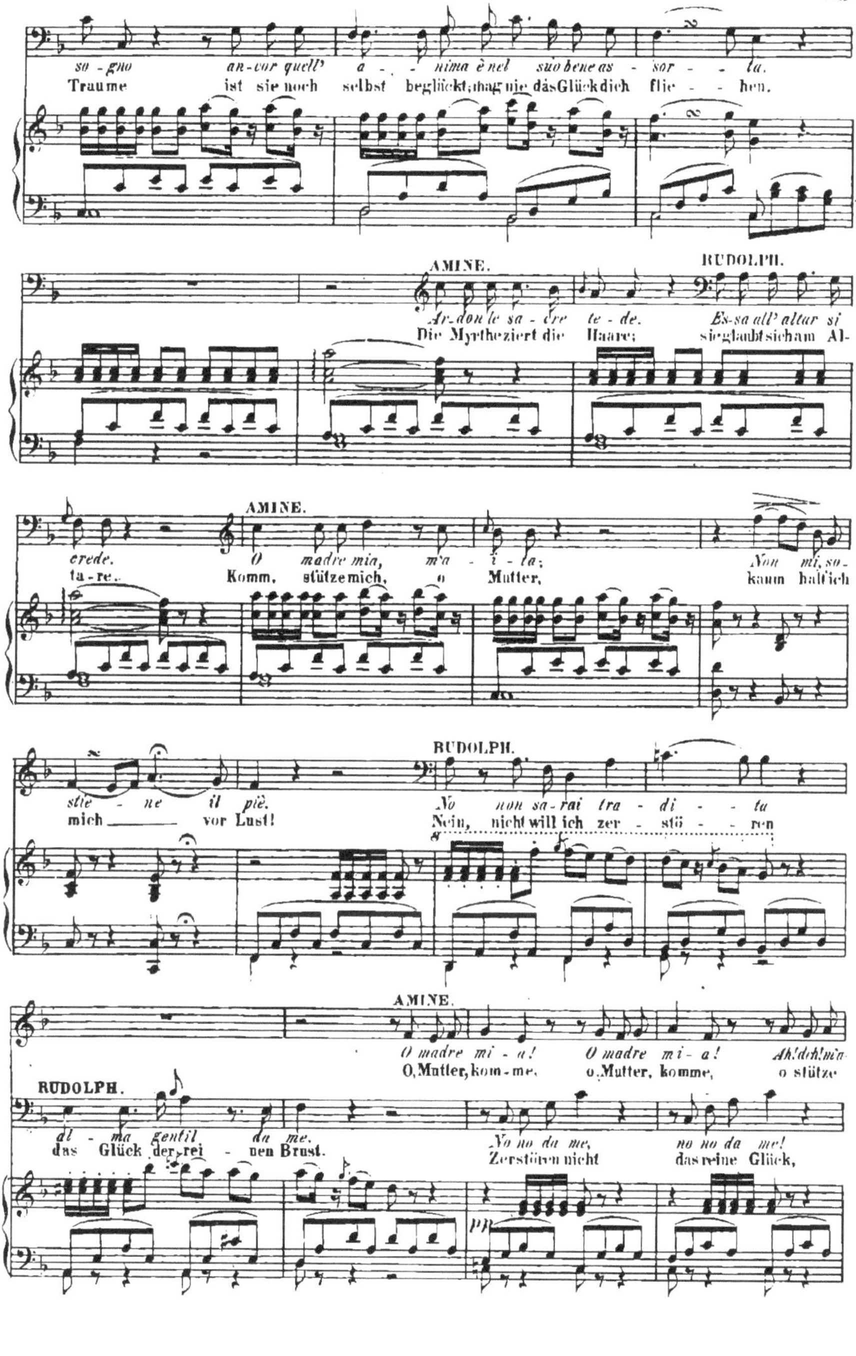

so - gno an - cor quell' a - - nima è nel suo bene as - sor - - ta.
Traume ist sie noch selbst beglückt, mag nie das Glück dich flie - - hen.
AMINE.
RUDOLPH.
Ar - don le sa - cre te - de. Es - sa all' altar si
Die Myrthe ziert die Haare; sie glaubt sich am Al-
crede.
ta - re.
AMINE.
O madre mia, m'a - i - ta; Non mi, so-
Komm, stütze mich, o Mutter, kaum halt' ich
stie - ne il piè.
mich vor Lust!
RUDOLPH.
No non sa - rai tra - di - ta
Nein, nicht will ich zer - stö - - ren
AMINE.
O madre mi - a! O madre mi - a! Ah! deh! m'a
O, Mutter, kom - me, o, Mutter, komme, o stütze
RUDOLPH.
al - ma gentil da me.
das Glück der rei - nen Brust.
No no da me, no no da me!
Zerstören nicht das reine Glück,

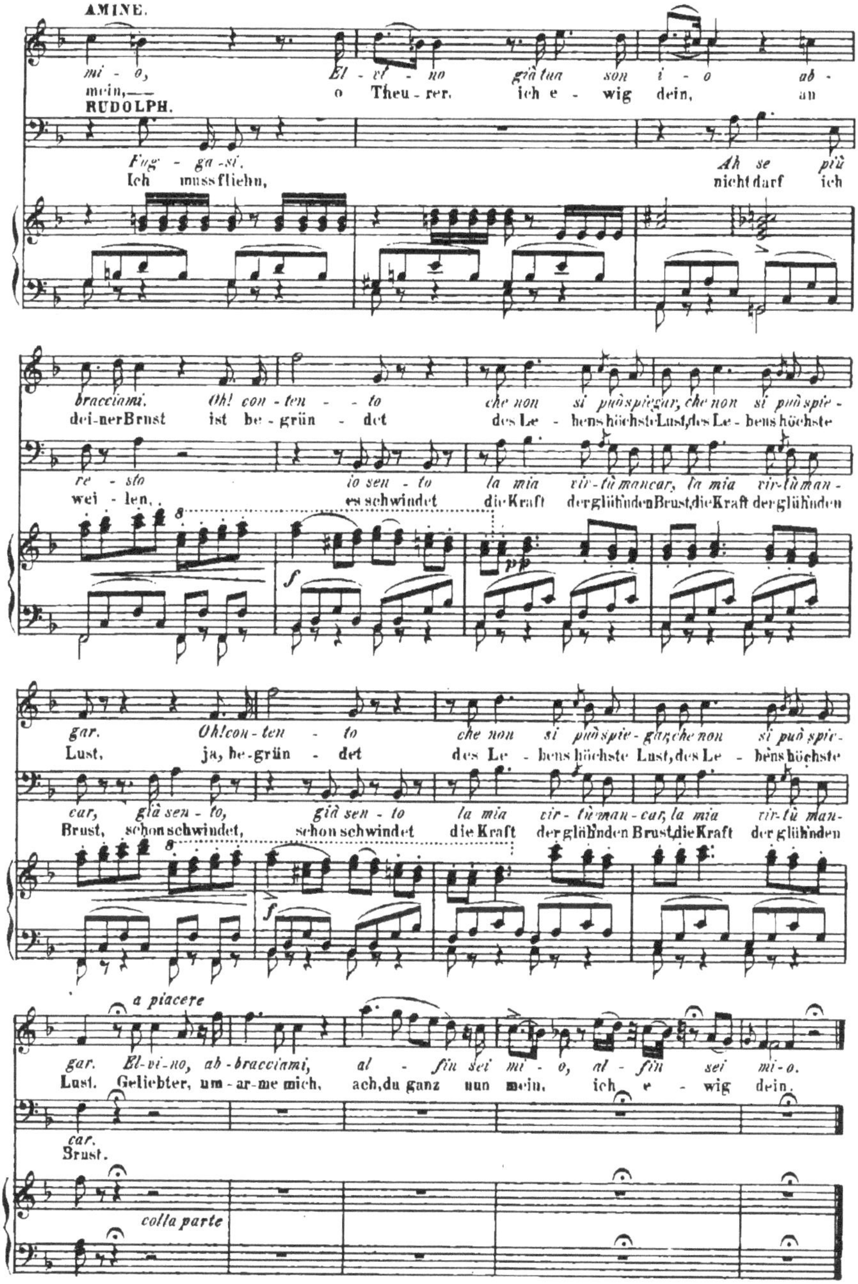
AMINE.
mi - o, El - vi - no già tua son i - o ab -
mein, o Theu - rer, ich e - wig dein, an
RUDOLPH.
Fug - ga - si. Ah se più
Ich muss fliehn, nicht darf ich
bracciami. Oh! con - ten - to che non si può spiegar, che non si può spie -
dei-ner Brust ist be - grün - det des Le - bens höchste Lust, des Le - bens höchste
re - sto io sen - to la mia vir - tù mancar, la mia vir - tù man -
wei - len, es schwindet die Kraft der glüh'nden Brust, die Kraft der glüh'nden
gar. Oh! con - ten - to che non si può spie - gar, che non si può spie -
Lust, ja, be - grün - det des Le - bens höchste Lust, des Le - bens höchste
car, già sen - to, già sen - to la mia vir - tù man - car, la mia vir - tù man -
Brust, schon schwindet, schon schwindet die Kraft der glüh'nden Brust, die Kraft der glüh'nden
a piacere
gar. El - vi - no, ab - bracciami, al - fin sei mi - o, al - fin sei mi - o.
Lust. Geliebter, um - ar - me mich, ach, du ganz nun mein, ich e - wig dein.
car.
Brust.
colla parte

No 9. QUINTETT und FINALE.

AMINE.
ELWIN.
tra - di - tri - ce! I - - o! Ti
fort, du Fal - sche! El - win! Ent-
AMINE.
sco - sta. Oh! me infe - li - ce! Che fe - ci io ma - - - -
flie - he! Ach, weh' mir Armen, was that ich dir?
ELWIN.
CHOR.
ALEXIS mit Bass.
i. E an - cor lo chi - di? Do - ve se - i tu ben lo
Du kannst noch fra - gen? Hier der Ort mag dir es
cresc.
Lento ed a piacere.
AMINE.
ELWIN.
ve - di. Qui! perchè? chi mi t'ha spinta Il tuo
sa - gen. Hier, o Gott, wie kam ich her? durch dein
Lento.
colla parte
ff
pp
pp
AMINE.
LISE.

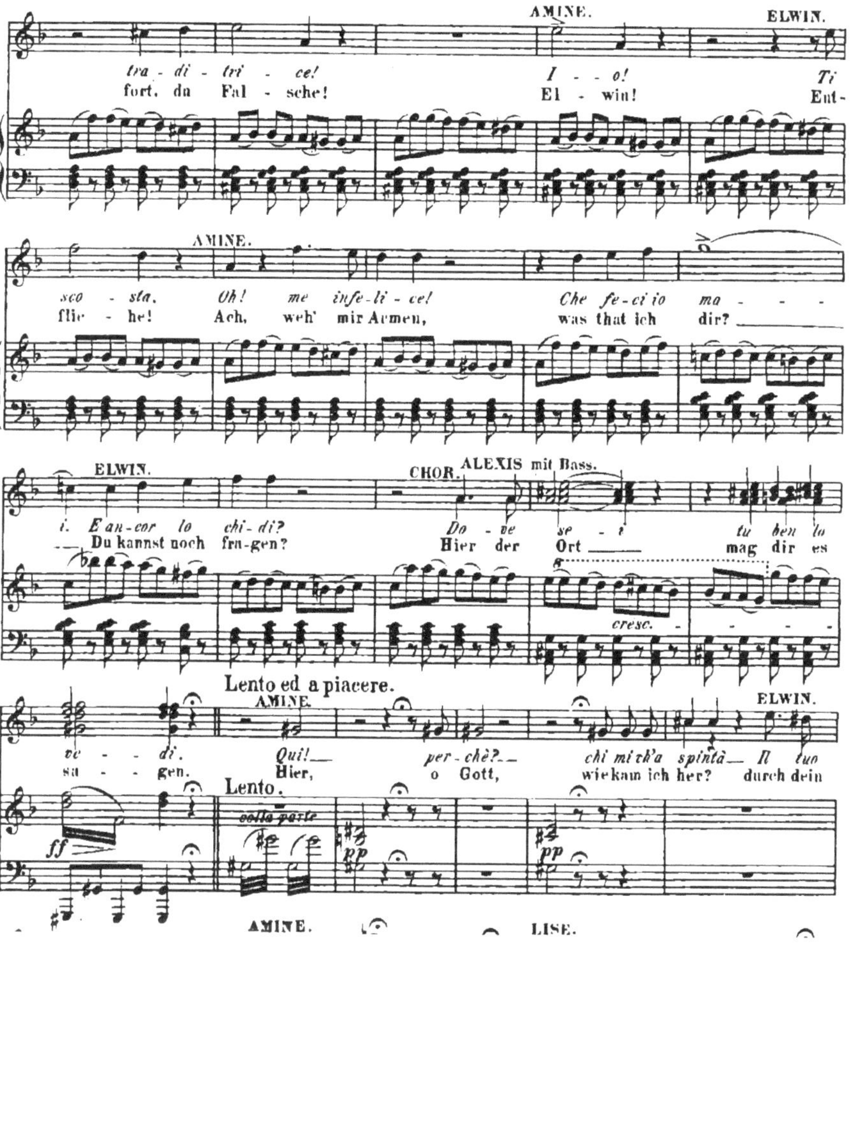

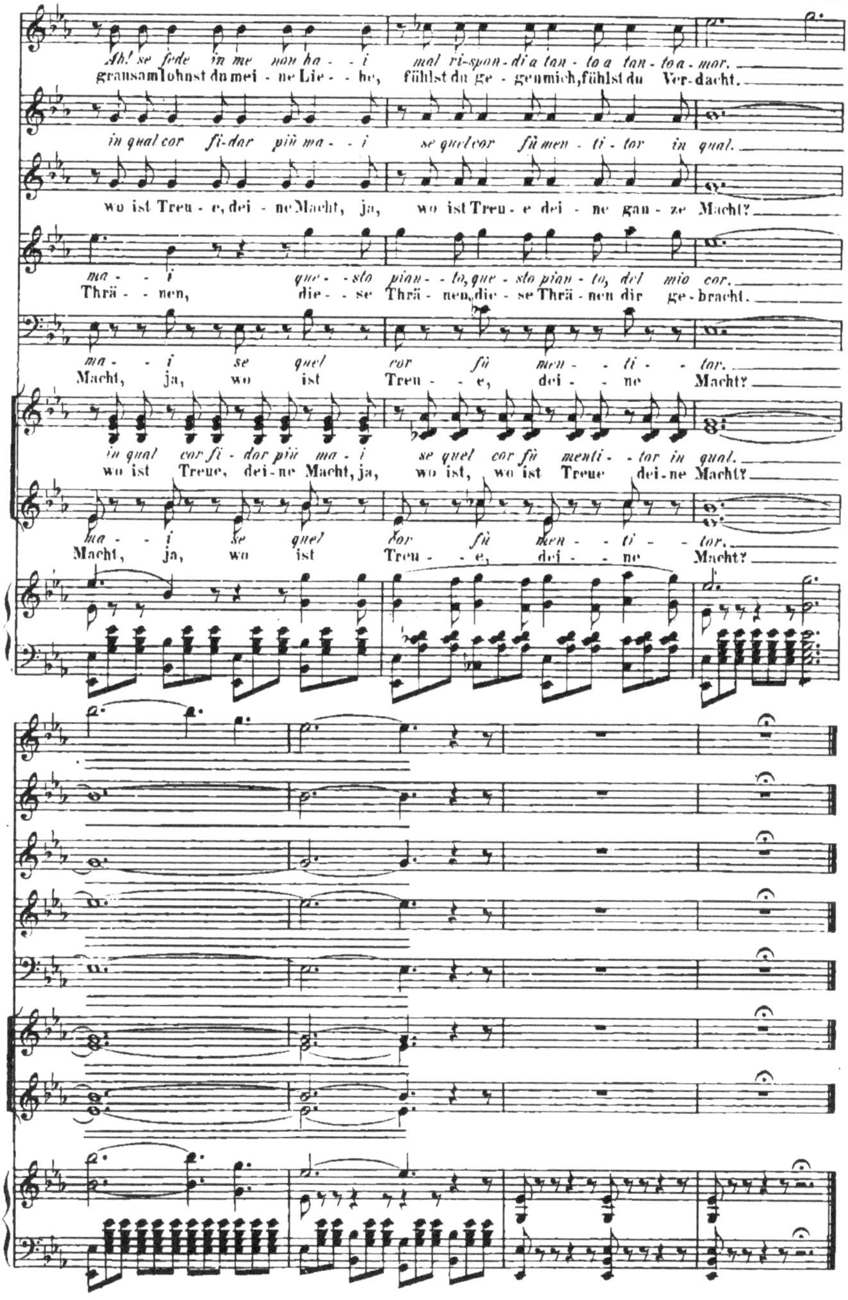
Ah! se fede in me non ha - - i mal ri-spon-di a tan - to a tan - to a-mor.
grausam lohnst du mei - ne Lie - - be, fühlst du ge - gen mich, fühlst du Ver-dacht.
in qual cor fi-dar più ma - - i se quel cor fù men - ti - tor in qual.
wo ist Treu - e, dei - ne Macht, ja, wo ist Treu - e dei - ne gan - ze Macht?
ma - - i que - - sto pian - - to, que - sto pian - to, del mio cor.
Thrä - - nen, die - - se Thrä - nen, die - se Thrä - nen dir ge-bracht.
ma - - i se quel cor fù men - - ti - - tor.
Macht, ja, wo ist Treu - - e, dei - - ne Macht?
in qual cor fi - dar più ma - - i se quel cor fù menti - - tor in qual.
wo ist Treue, dei-ne Macht, ja, wo ist, wo ist Treue dei-ne Macht?
ma - - i se quel cor fù men - - ti - - tor.
Macht, ja, wo ist Treu - - e, dei - - ne Macht?

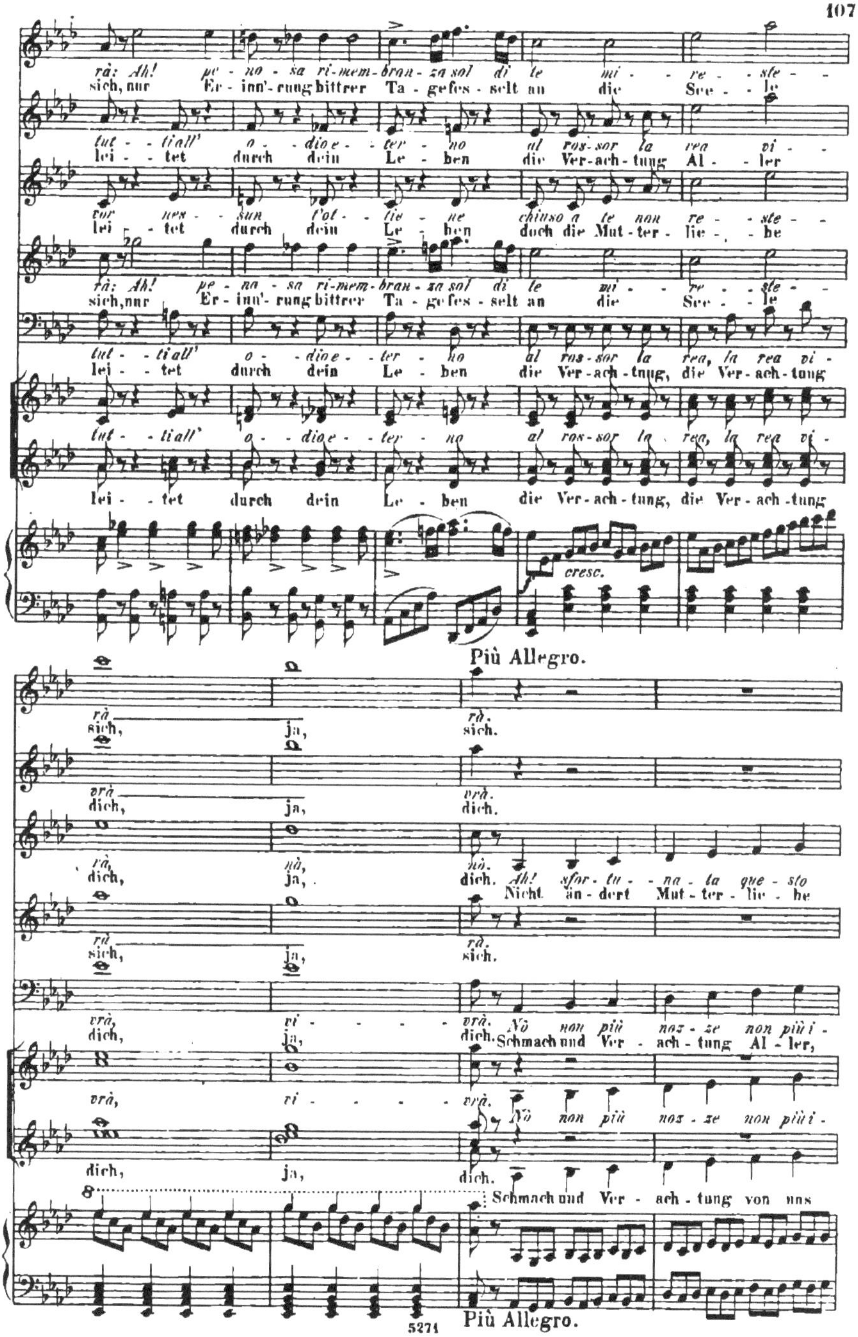
rà: Ah! pe - no - sa ri-mem-bran - za sol di te mi - re - ste -
sich, nur Er - inn'-rung bittrer Ta - ge fes - selt an die See - le
tut - ti all' o - dio e - ter - no al ros - sor la rea vi -
lei - tet durch dein Le - ben die Ver-ach-tung Al - ler
tor nes - sun t'ot - tie - ne chiuso a te non re - ste -
lei - tet durch dein Le - ben doch die Mut - ter - lie - be
rà: Ah! pe - na - sa ri-mem-bran - za sol di te mi - re - ste -
sich, nur Er - inn'- rung bittrer Ta - ge fes - selt an die See - le
tut - ti all' o - dio e - ter - no al ros - sor la rea, la rea vi -
lei - tet durch dein Le - ben die Ver - ach - tung, die Ver - ach - tung
tut - ti all' o - dio e - ter - no al ros - sor la rea, la rea vi -
lei - tet durch dein Le - ben die Ver - ach - tung, die Ver - ach - tung
cresc.
Più Allegro.
rà, rà.
sich, ja, sich.
vrà, vrà.
dich, ja, dich.
rà, nà, nà. Ah! sfor - tu - na - ta que - sto
dich, ja, dich. Nicht än - dert Mut - ter - lie - be
rà, rà.
sich, ja, sich.
vrà, vi - vrà. No non più noz - ze non più i -
dich, ja, dich. Schmach und Ver - ach - tung Al - ler,
vrà, vi - vrà. No non più noz - ze non più i -
dich, ja, dich. Schmach und Ver - ach - tung von uns
Più Allegro.

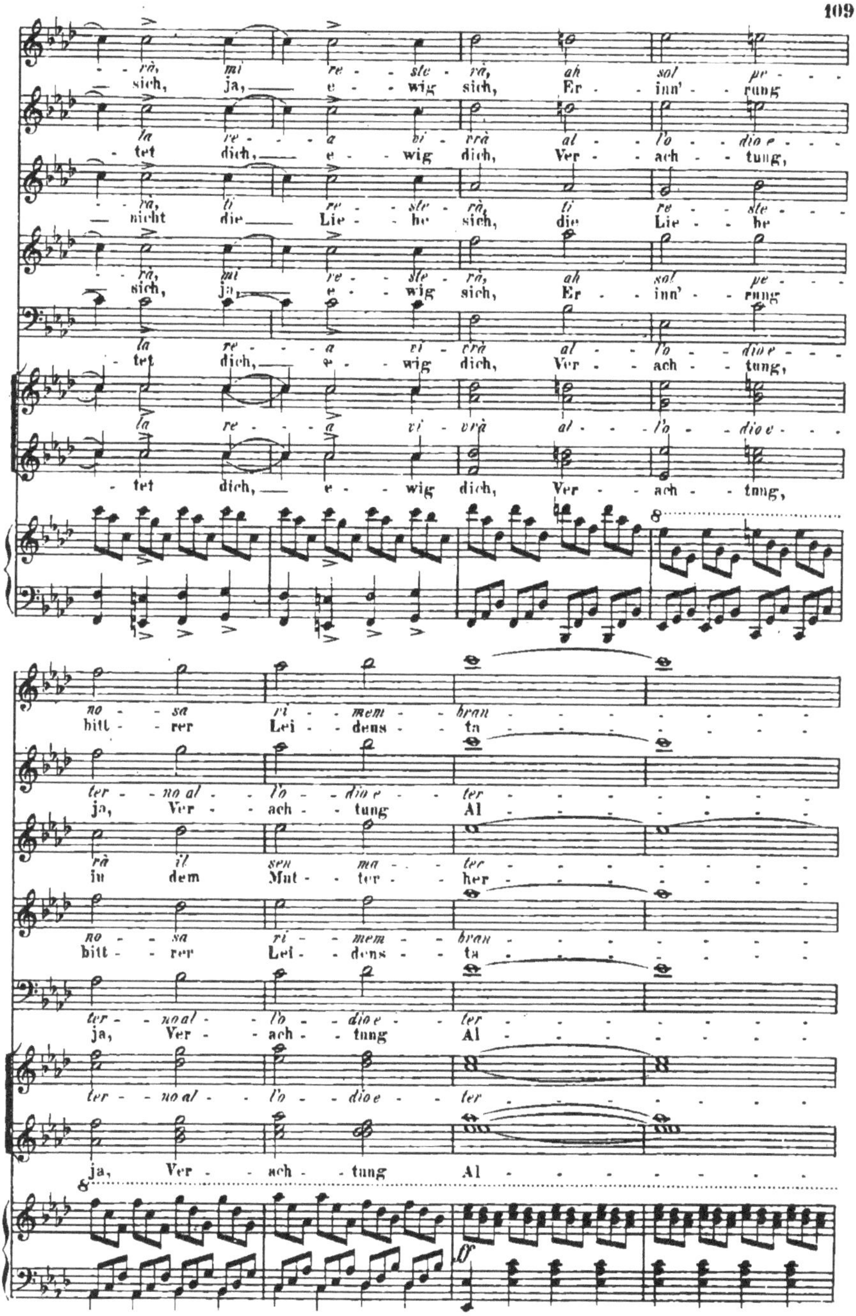

- rà, mi re - ste - rà, ah sol pe - -
sich, ja, e - - wig sich, Er - inn' - rung
la re - - a vi - vrà al - l'o - dio e - - -
- tet dich, e - wig dich, Ver - ach - tung,
- rà, ti re - ste - rà, ti re - ste - -
nicht die Lie - be sich, die Lie - be
- rà, mi re - ste - rà, ah sol pe - -
sich, ja, e - wig sich, Er - inn' - rung
la re - - a vi - vrà al - l'o - dio e - - -
tet dich, e - wig dich, Ver - ach - tung,
la re - - a vi - vrà al - l'o - dio e - - -
tet dich, e - wig dich, Ver - ach - tung,
no - sa ri - mem - bran - - - - -
bitt - rer Lei - dens - ta - - - - -
ter - no al - l'o - dio e - ter - - - - - -
ja, Ver - ach - tung Al - - - - - -
rà il sen ma - ter - - - - - -
in dem Mut - ter - her - - - - - -
no - sa ri - mem - bran - - - - -
bitt - rer Lei - dens - ta - - - - -
ter - no al - l'o - dio e - ter - - - - - -
ja, Ver - ach - tung Al - - - - - -
ter - no al - l'o - dio e - ter - - - - - -
ja, Ver - ach - tung Al - - - - - -

AKT II.
N.º 10. INTRODUCTION und CHOR.

Allegretto.

No. 11. SCENE und CHOR.

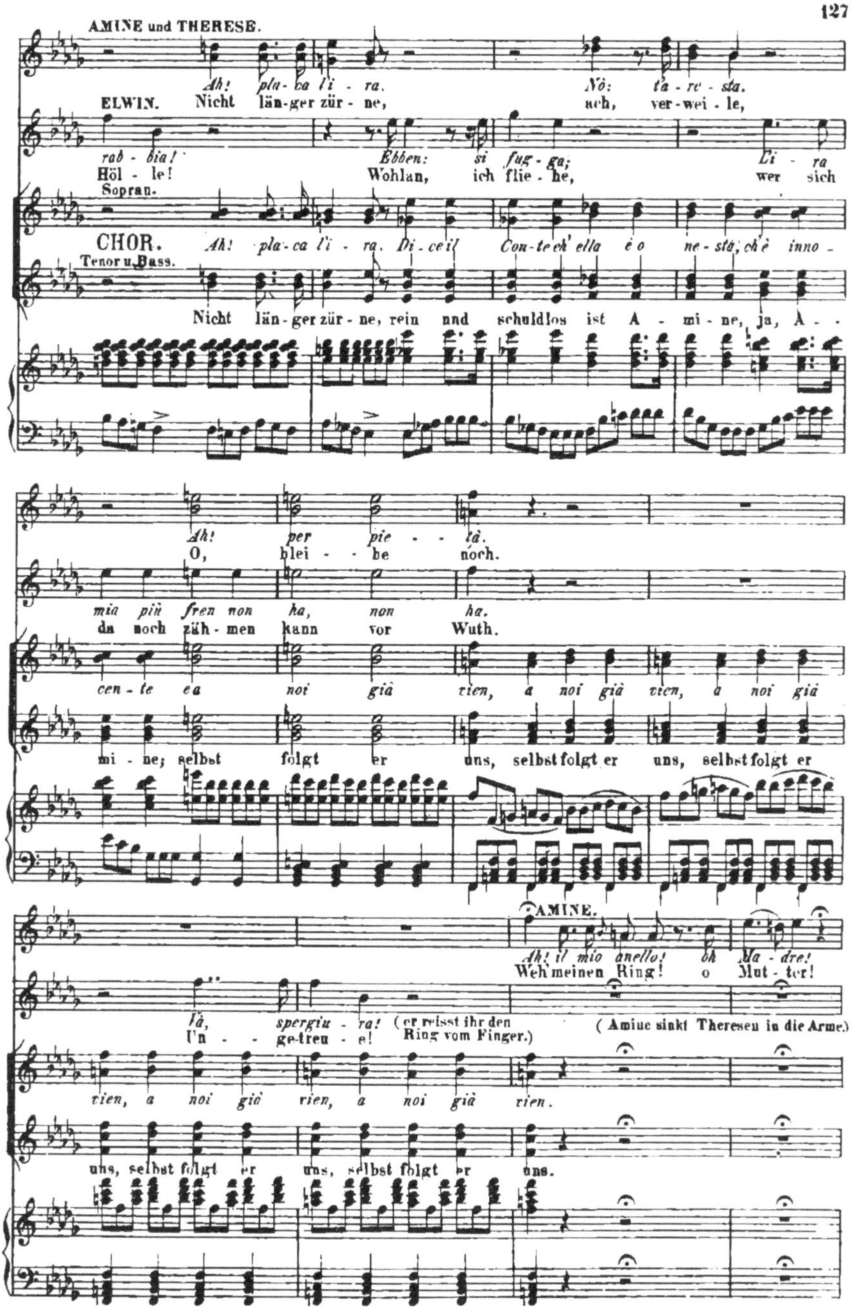
AMINE und THERESE.
Ah! placa l'ira. Nò: ta-re-sta.
ELWIN. Nicht län-ger zür-ne, ach, ver-wei-le,
rab-bia! Ebben: si fug-ga; L'i-ra
Höl-le! Wohlan, ich flie-he, wer sich
Sopran.
CHOR. Ah! pla-ca l'i-ra. Di-ce il Con-te ch'ella è o ne-sta, ch'è inno-
Tenor u. Bass.
Nicht län-ger zür-ne, rein und schuldlos ist A-mi-ne, ja, A-
Ah! per pie-tà.
O, blei-be noch.
mia più fren non ha, non ha.
da noch zäh-men kann vor Wuth.
cen-te ea noi già vien, a noi già vien, a noi già
mi-ne; selbst folgt er uns, selbst folgt er uns, selbst folgt er
AMINE.
Ah! il mio anello! oh Ma-dre!
Weh'meinen Ring! o Mut-ter!
Và, spergiu-ra! (er reisst ihr den Ring vom Finger.)
Un-getreu-e!
(Amine sinkt Theresen in die Arme.)
vien, a noi già vien, a noi già vien.
uns, selbst folgt er uns, selbst folgt er uns.

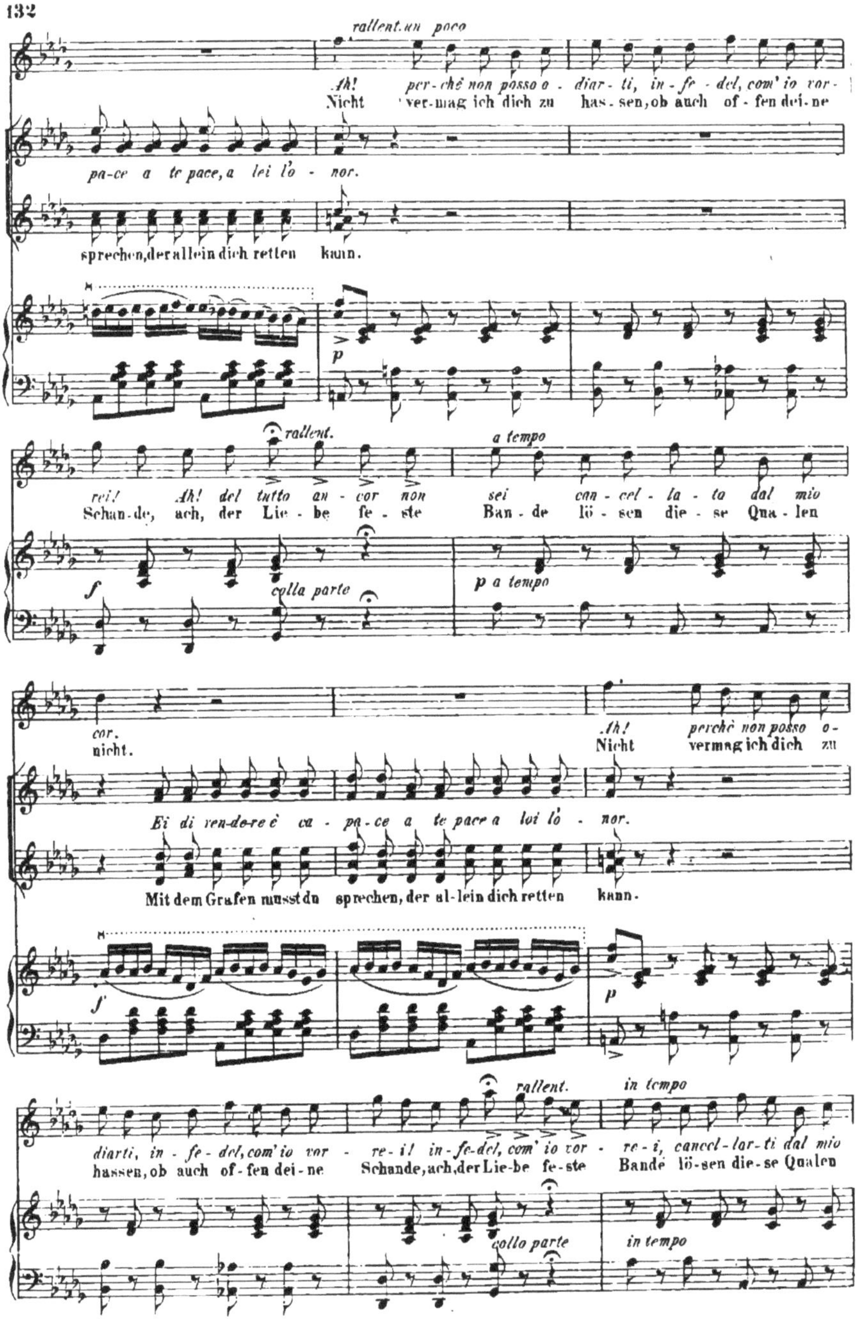
rallent. un poco
Ah! perchè non posso o - diar - ti, in - fe - del, com' io vor -
Nicht ver-mag ich dich zu has - sen, ob auch of - fen dei - ne
pa - ce a te pace, a lei l'o - nor.
sprechen, der allein dich retten kann.
p
rallent.
a tempo
rei! Ah! del tutto an - cor non sei can - cel - la - to dal mio
Schan - de, ach, der Lie - be fe - ste Ban - de lö - sen die - se Qua - len
f
colla parte
p a tempo
cor.
nicht.
Ah! perchè non posso o -
Nicht vermag ich dich zu
Ei di ren-de-re è ca - pa - ce a te pace a lei l'o - nor.
Mit dem Grafen musst du sprechen, der al - lein dich retten kann.
f
p
rallent.
in tempo
diarti, in - fe - del, com' io vor - re - i! in - fe - del, com' io vor - re - i, cancel - lar - ti dal mio
hassen, ob auch of - fen dei - ne Schande, ach, der Lie - be fe - ste Bande lö - sen die - se Qualen
collo parte
in tempo

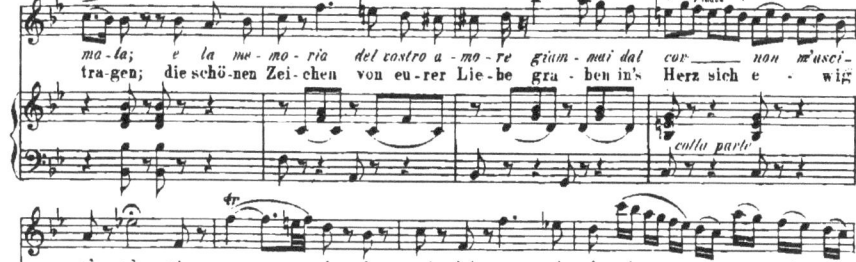

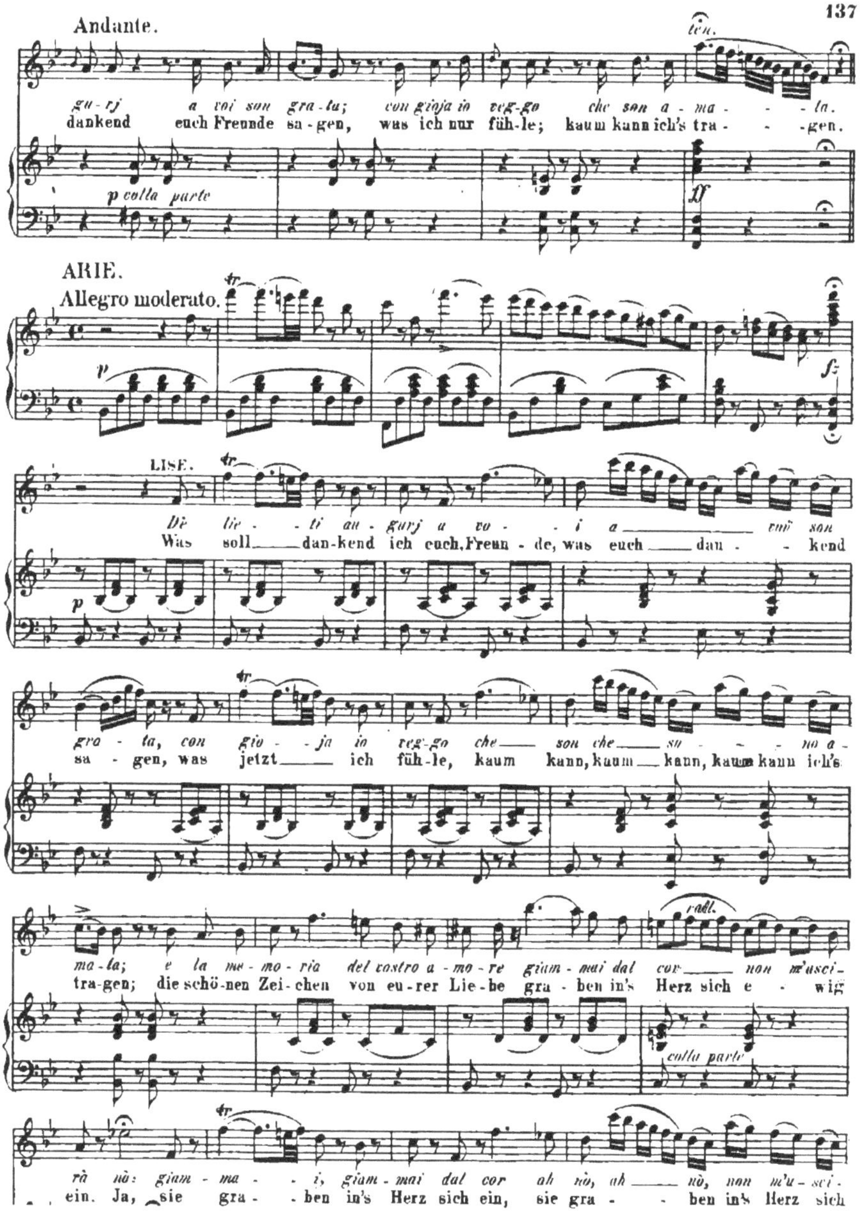
Andante.
ten.
gu - rj a voi son gra - ta; con gioja io veg - go che son a - ma - - la.
dankend euch Freunde sa - gen, was ich nur füh - le; kaum kann ich's tra - - - gen.
p colla parte
ff
ARIE.
Allegro moderato.
p
fz
LISE.
Di - lie - - ti au - gurj a vo - - i a ___ cui son
Was soll ___ dan - kend ich euch, Freun - de, was euch ___ dan - - kend
p
gra - ta, con gio - - ja io veg - go che ___ son che ___ su - - - no a -
sa - gen, was jetzt ___ ich füh - le, kaum kann, kaum ___ kann, kaum kann ich's
ma - la; e la me - mo - ria del vostro a - mo - re giam - mai dal cor ___ non m'usci -
tra - gen; die schö - nen Zei - chen von eu - rer Lie - be gra - ben in's Herz sich e - wig
rall.
colla parte
rà no: giam - ma - - i, giam - mai dal cor ah no, ah ___ no, non m'u - sci -
ein. Ja, sie gra - - ben in's Herz sich ein, sie gra - - ben in's Herz sich

№ 13. QUARTETT und CHOR.

144

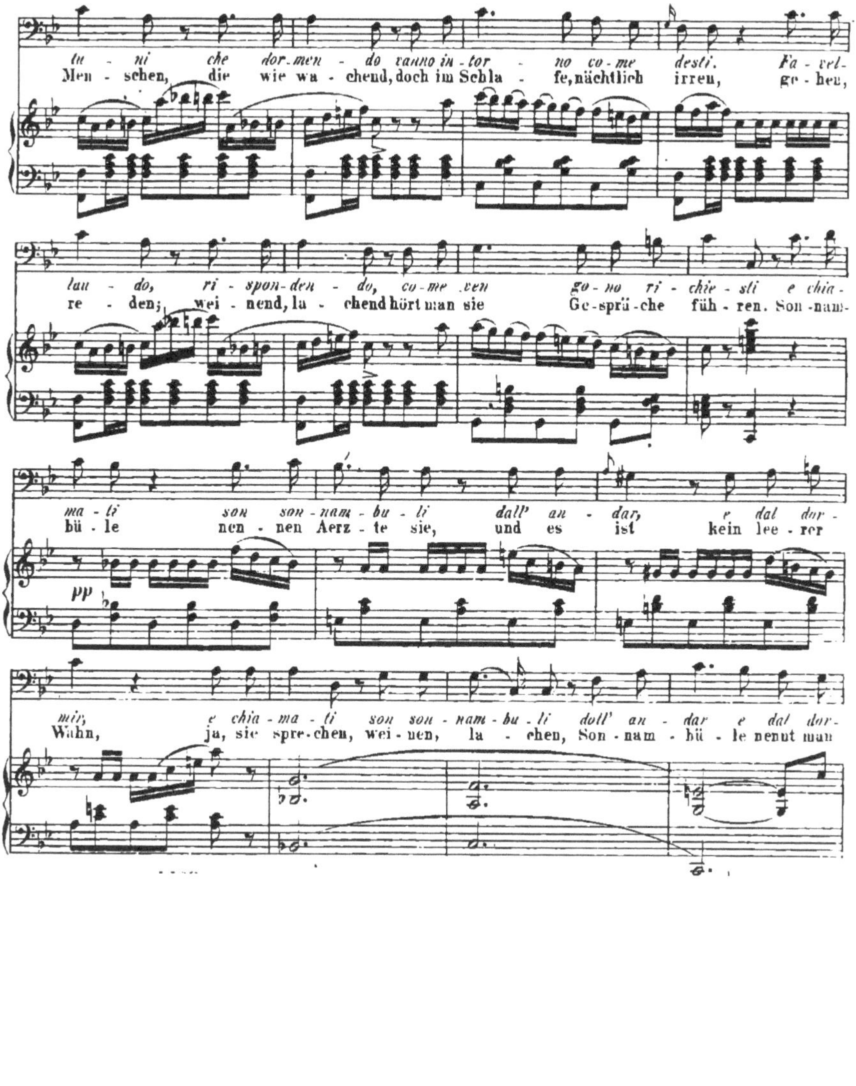
tu - ni che dor-men - do vanno in - tor - no co-me desti. Fa - vel-
Men - schen, die wie wa - chend, doch im Schla - fe, nächtlich irren, ge - hen,
lan - do, ri - spon-den - do, co-me ven go - no ri - chie - sti e chia -
re - den; wei - nend, la - chend hört man sie Ge - sprä - che füh - ren. Son - nam -
ma - ti son son - nam - bu - li dall' an - dar, e dal dor -
bü - le nen - nen Aerz - te sie, und es ist kein lee - rer
pp
mir, e chia - ma - ti son son - nam - bu - li dall' an - dar e dal dor -
Wahn, ja, sie spre - chen, wei - nen, la - chen, Son - nam - bü - le nennt man

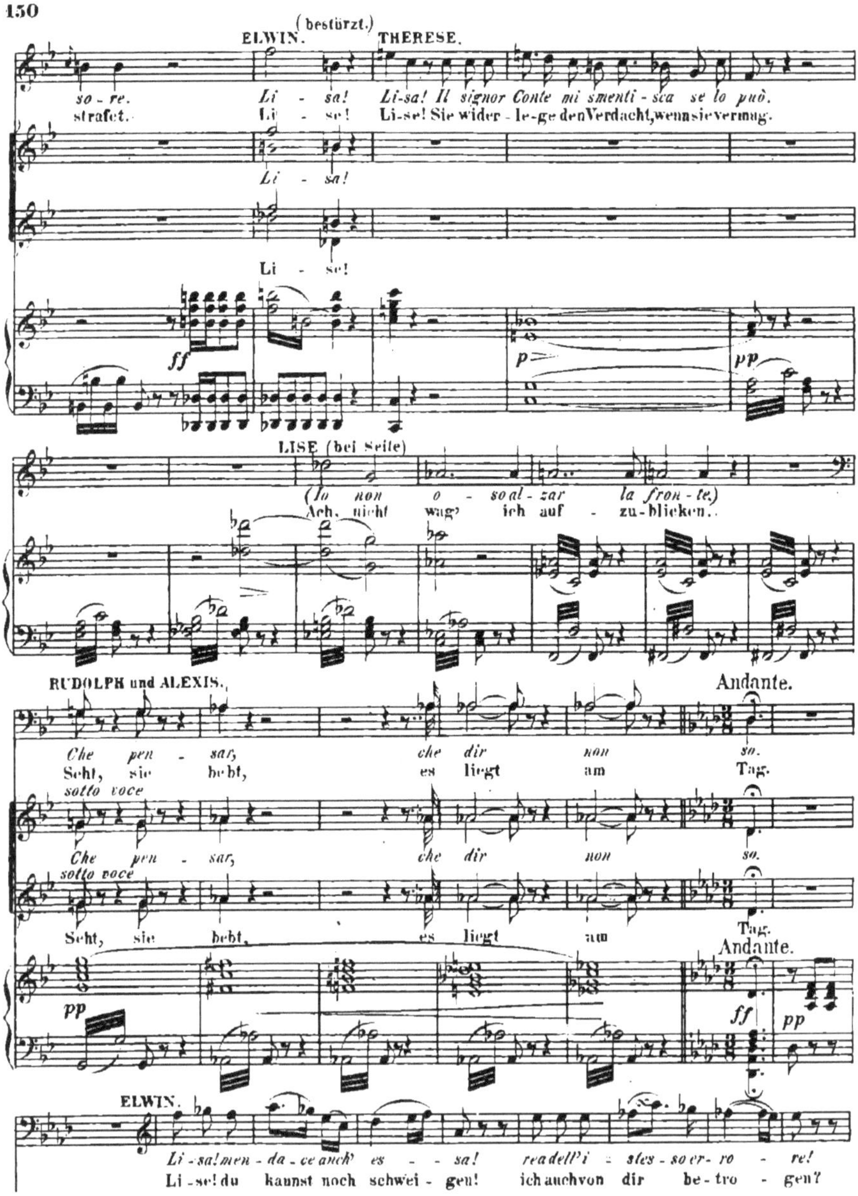
ELWIN.
(bestürzt.)
THERESE.
so - re. Li - sa! Li-sa! Il signor Conte mi smenti - sca se lo può.
strafet. Li - se! Li-se! Sie wider - le-ge den Verdacht, wenn sie vermag.
Li - sa!
Li - se!
ff
p
pp
LISE (bei Seite)
(Io non o - so al - zar la fron - te.)
Ach, nicht wag' ich auf - zu-blicken.
RUDOLPH und ALEXIS.
Andante.
Che pen - sar, che dir non so.
Seht, sie bebt, es liegt am Tag.
sotto voce
Che pen - sar, che dir non so.
sotto voce
Seht, sie bebt, es liegt am Tag.
Andante.
pp
ff
pp
ELWIN.
Li-sa! men-da-ce anch' es - sa! rea dell' i - stes-so er-ro - re!
Li-se! du kannst noch schwei - gen! ich auch von dir be-tro - gen?

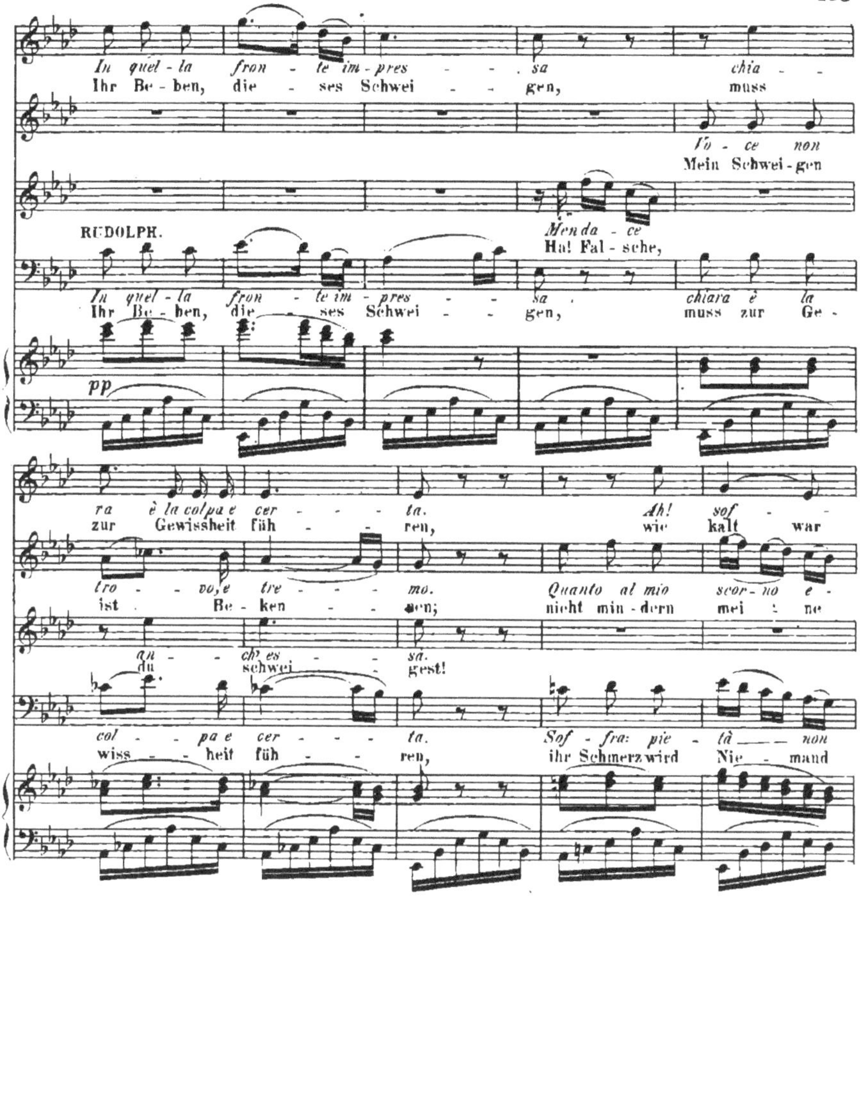
In quel - la fron - te im - pres - - - sa chia - -
Ihr Be - ben, die - ses Schwei - - gen, muss
Vo - ce non
Mein Schwei - gen
Menda - ce
Ha! Fal - sche,
RUDOLPH.
In quel - la fron - te im - pres - - - sa. chiara è la
Ihr Be - ben, die - ses Schwei - - gen, muss zur Ge -
pp
ra è la colpa e cer - - - ta. Ah! sof - -
zur Gewissheit füh - - ren, wie kalt war
tro - - vo, e tre - - - mo. Quanto al mio scor - no e -
ist Be - ken - - nen; nicht min - dern mei - ne
an - ch'es - - sa.
du schwei - gest!
col - - pa e cer - - - ta. Sof - fra: pie - tà non
wiss - - heit füh - - ren, ihr Schmerz wird Nie - mand

No 14. SCENE, ARIE u. FINALE.

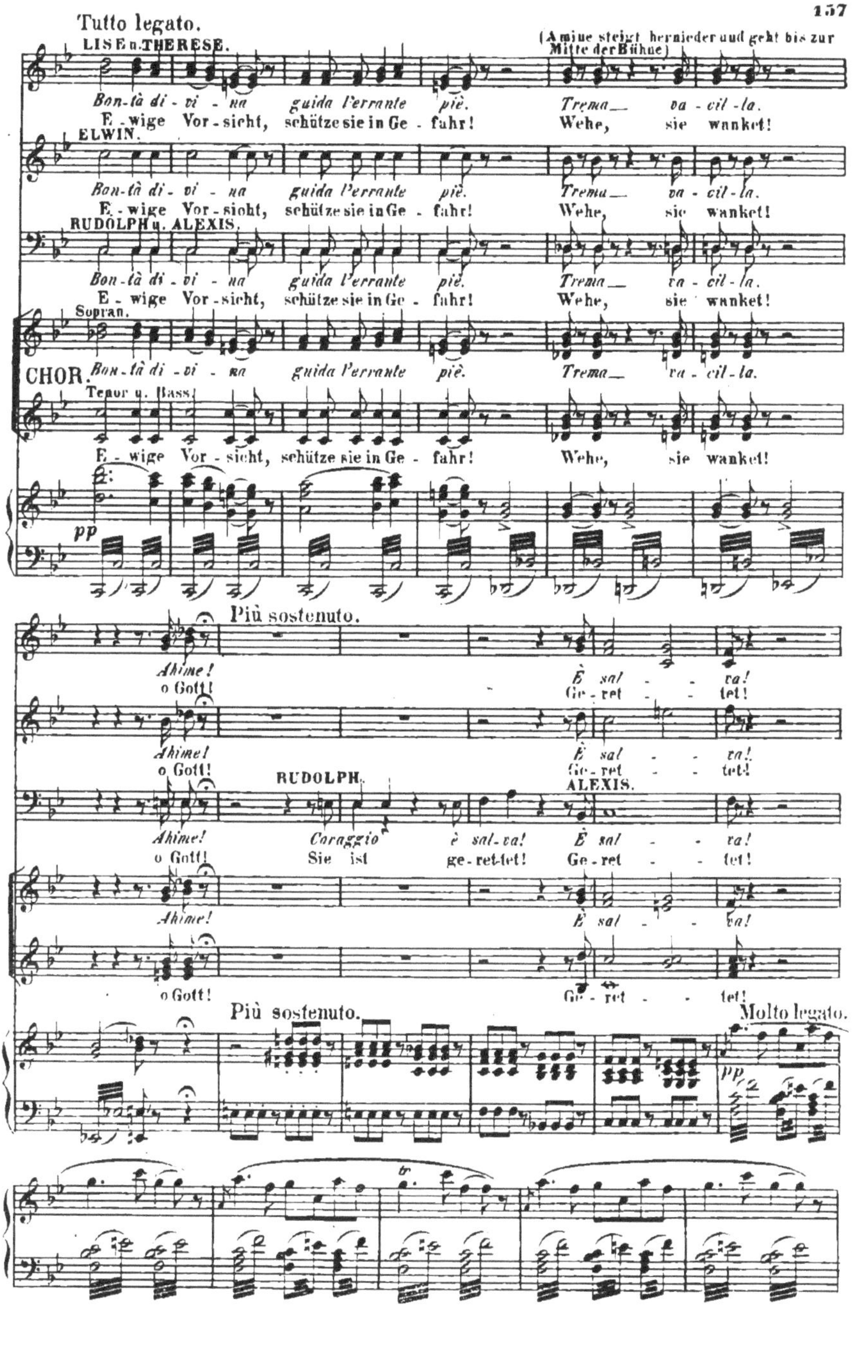
Tutto legato.
LISE u. THERESE.
(Amine steigt hernieder und geht bis zur Mitte der Bühne)
Bon-tà di-vi-na guida l'errante piè. Trema va-cil-la.
E-wige Vor-sicht, schütze sie in Ge-fahr! Wehe, sie wanket!
ELWIN.
Bon-tà di-vi-na guida l'errante piè. Trema va-cil-la.
E-wige Vor-sicht, schütze sie in Ge-fahr! Wehe, sie wanket!
RUDOLPH u. ALEXIS.
Bon-tà di-vi-na guida l'errante piè. Trema va-cil-la.
E-wige Vor-sicht, schütze sie in Ge-fahr! Wehe, sie wanket!
Sopran.
CHOR.
Bon-tà di-vi-na guida l'errante piè. Trema va-cil-la.
Tenor u. Bass.
E-wige Vor-sicht, schütze sie in Ge-fahr! Wehe, sie wanket!
pp
Più sostenuto.
Ahime! È sal-va!
o Gott! Ge-ret-tet!
Ahime! È sal-va!
o Gott! Ge-ret-tet!
RUDOLPH.
ALEXIS.
Ahime! Coraggio è sal-va! È sal-va!
o Gott! Sie ist ge-ret-tet! Ge-ret-tet!
Ahime! È sal-va!
o Gott! Ge-ret-tet!
Più sostenuto.
Molto legato.
pp
tr

ARIE.

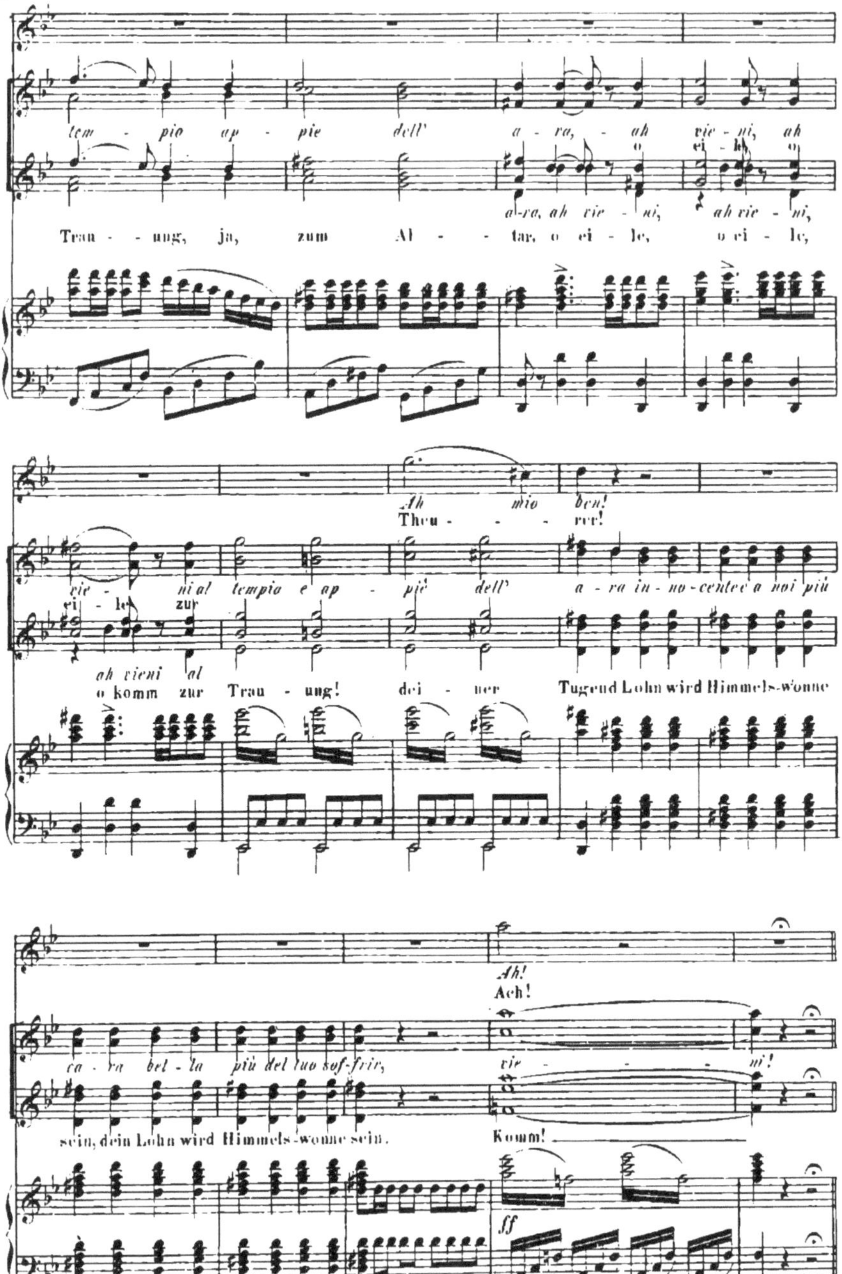
tem - pio ap - pie dell' a - ra, - ah vie - ni, ah
o ei - le, o
a - ra, ah vie - ni, ah vie - ni,
Trau - ung, ja, zum Al - tar, o ei - le, o ei - le,
Ah mio ben!
Theu - rer!
vie - ni al tempio e ap - piè dell' a - ra in - no - cente e a noi più
ei - le zur
ah vieni al
o komm zur Trau - ung! dei - ner Tugend Lohn wird Himmels-wonne
Ah!
Ach!
ca - ra bel - la più del tuo sof - frir, vie - ni!
sein, dein Lohn wird Himmels-wonne sein. Komm!
ff

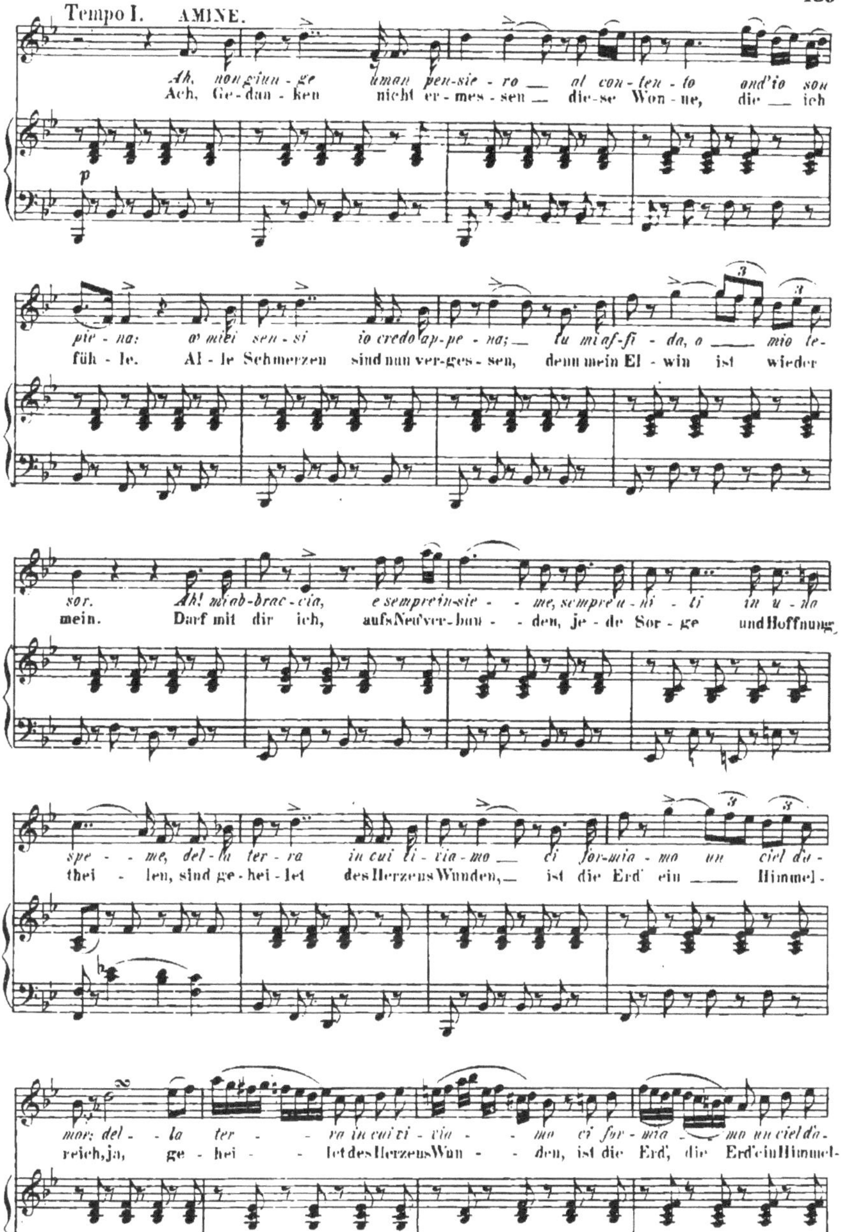
Tempo I. AMINE.
Ah, non giunge uman pensiero al contento ond'io son
Ach, Gedanken nicht ermessen diese Wonne, die ich
p
piena: a' miei sensi io credo appena; tu m'affida, o mio te-
fühle. Alle Schmerzen sind nun vergessen, denn mein Elwin ist wieder
sor. Ah! m'abbraccia, e sempre insieme, sempre uniti in una
mein. Darf mit dir ich, aufs Neu' verbunden, jede Sorge und Hoffnung
speme, della terra in cui viviamo ci formiamo un ciel da-
theilen, sind geheilet des Herzens Wunden, ist die Erd' ein Himmel-
mor; della terra in cui viviamo ci formiamo un ciel da-
reich, ja, geheilet des Herzens Wunden, ist die Erd', die Erd' ein Himmel-

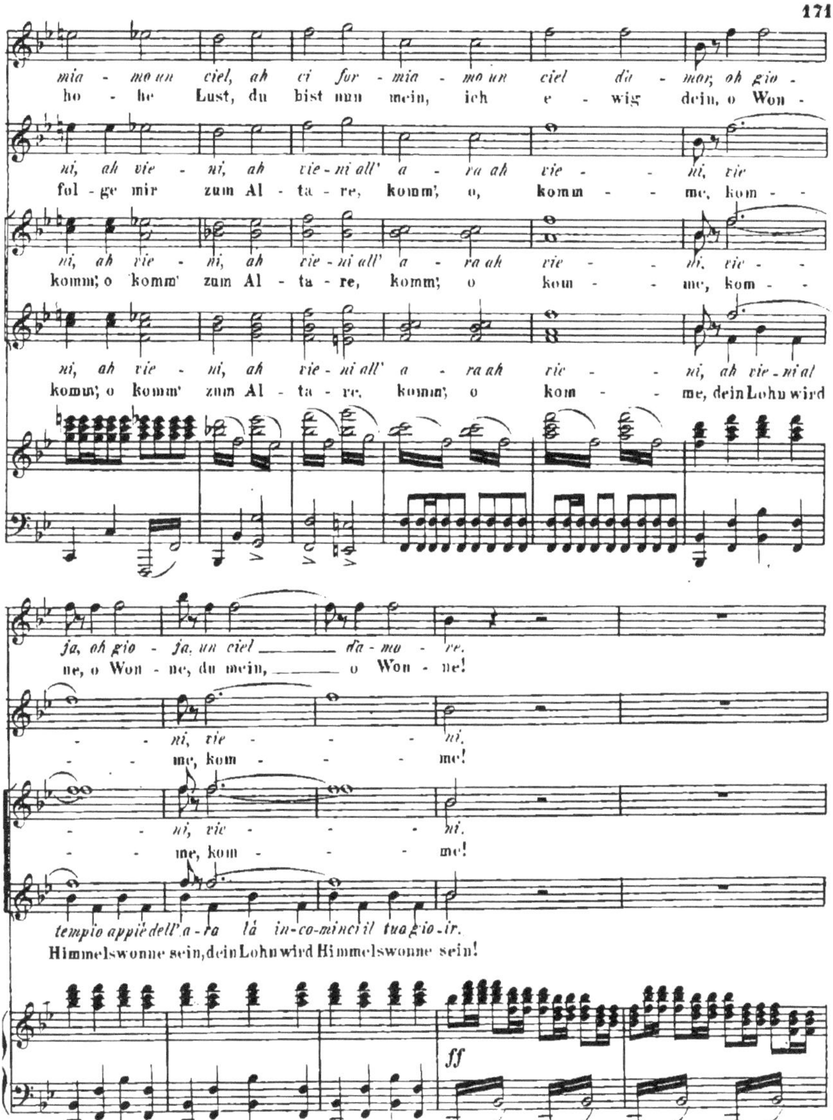
mia - mo un ciel, ah ci for - mia - mo un ciel da - mor, oh gio -
ho - he Lust, du bist nun mein, ich e - wig dein, o Won -
ni, ah vie - ni, ah vie - ni all' a - ra ah vie - - ni, vie
fol - ge mir zum Al - ta - re, komm', o, komm - - me, kom - -
ni, ah vie - ni, ah vie - ni all' a - ra ah vie - - ni, vie - -
komm', o komm' zum Al - ta - re, komm', o kom - - me, kom - -
ni, ah vie - ni, ah vie - ni all' a - ra ah vie - - ni, ah vie - ni al
komm', o komm' zum Al - ta - re, komm', o kom - - me, dein Lohn wird
ja, oh gio - ja, un ciel d'a - mo - re.
ne, o Won - ne, du mein, o Won - ne!
- - ni, vie - - - ni.
- - me, kom - - - me!
- - ni, vie - - - ni.
- - me, kom - - - me!
tempio appiè dell' a - ra là in - co - minci il tuo gio - ir.
Himmelswonne sein, dein Lohn wird Himmelswonne sein!
ff